입시 체제의 개편과 한국 교육의 대전환

대한민국
입시혁명

입시 체제의 개편과 한국 교육의 대전환

대한민국
입시혁명

초판 1쇄 인쇄 2016년 7월 11일
초판 1쇄 발행 2016년 7월 22일

지은이 참교육연구소 입시연구팀
펴낸이 김승희
펴낸곳 도서출판 살림터

기획 정광일
편집 조현주
북디자인 꼬리별

인쇄·제본 (주)현문
종이 월드페이퍼(주)

주소 서울시 영등포구 양평로21가길 19 선유도 우림라이온스밸리 1차 B동 512호
전화 02-3141-6553
팩스 02-3141-6555
출판등록 2008년 3월 18일 제313-1990-12호
이메일 gwang80@hanmail.net
블로그 http://blog.naver.com/dkffk1020

ISBN 979-11-5930-019-6 03370

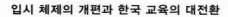

입시 체제의 개편과 한국 교육의 대전환

대한민국 입시혁명

참교육연구소 입시연구팀 지음

살림터

책을 펴내며

　입시제도 개편에 대한 논의가 뜨거워지고 있다. 수학능력(수능)시험의 오류로 수능 체제 개편이 쟁점이 되었고, 수능시험에서 한국사, 영어 과목의 절대평가 도입이 계기가 되어 절대평가의 확대를 놓고 공방이 벌어졌다. 2016년 총선 이후에는 대입 전형에서 수시 모집과 학생부종합전형의 비중을 축소할 것인가 확대할 것인가로 찬반 논의가 이어졌다. 여기에 문이과 통합 등 교육과정 개편으로 인해 입시제도에 대한 논의가 앞으로 본격적으로 진행될 것이다.

　다른 한편, 대학에서는 대학 체제 개편이 최대 관심사가 되고 있다. 대학 입학 학생 수 감소로 인해 대학 구조조정이 발등의 불이 되면서 어느 방향으로 나갈 것인지를 둘러싸고 공방이 가열되고 있다. 공공성에 입각한 대학 체제 개편인가 시장주의에 입각한 대학 구조조정인가에 따라 향후 대학의 모습은 판이하게 달라지기 때문이다. 그런데 이 공방의 결과는 여기에 그치지 않고 대학 서열 체제에도 직격탄이 되어 대학 서열의 강화인가 해소인가의 분수령이 될 것이다.

　더욱이 입시제도와 대학 체제 개편은 2017년 대통령 선거와 겹쳐지고 있다. 대통령 선거 때마다 새로운 사회와 새로운 교육에 대한 논의가 봇물처럼 터져 나오고 이것이 공약으로 발전되곤 하였다. 물론 역대 선거를 보면 대통령의 공약이 그저 공문구로 전락하고, 심지어 공약에 역행하는 정책들이 추진되기도 하였다. 그러나 분명한 것은 대통령 선거를 계기로 국민들의 교육적·사회적 요구가 거세게 일어나고, 대선 후보들은 이를 반영하여 미래의 비전을 제시해야만 한다.

입시제도와 대학 체제 개편이 관심사가 된 지금이야말로 잘못된 입시제도와 학교 체제를 바꿀 수 있는 절호의 시기이다. 소수만의 이해를 반영하는 막후의 조용한 개편이 아니라 시끌벅적한 공론화를 통해 절대다수가 원하는 개편이 이루어질 가능성이 높아졌기 때문이다. 기회가 오고 있고, 지금 바로 우리는 입시 경쟁의 대안을 마련하고 입시 경쟁이 없는 새로운 교육을 향해 거침없이 전진해야 한다.

여러 차례 입시제도 개편이 있어왔다. 그럴듯한 명분을 가지고 입시제도의 개편이 진행되었지만 세월이 지나고 보면 입시 경쟁 교육은 옷만 갈아입고 여전히 같은 무대를 누비고 있다. 왜냐하면 지금까지의 입시제도 개편은 근본적 처방이 아니라 임시변통에 불과했기 때문이다. 따라서 우리가 경쟁적 입시 교육으로부터 자유로워지려면 입시제도를 근본적으로 개편하는 입시혁명이 필요하다.

혁명은 관념적인 것이어서는 결코 성공할 수 없다. 현실에 뿌리박고 현실의 변화에서 새로운 입시제도의 근거와 맹아를 찾아내고 이를 발전시켜나가는 이론화, 정책화가 필수 불가결하다. 또한 사회제도의 개편은 진공상태에서 진행되는 것이 아니라 정치적 공간 속에서 진행된다. 따라서 우리의 입시혁명은 교육적인 일인 동시에 현실 가능한 경로와 방안을 현재의 정치적 상황 속에서 찾아야 하는 고도의 정치적인 활동이다.

오늘 우리는 이런 여러 가지 점을 고려하여 정리한 입시제도 개편안을 세상에 내놓는다. 입시제도 개편의 기본 골격은 이미 『공교육 새판 짜기』(2004), 『대한민국 교육혁명』(2012)을 통해서 제출되었다. 그러나 그것은 공교육 개편의 일부분으로 제출되었고, 입시제도 개편에 대한 집중적인 분석과 대안적 논의를 지면의 제약상 풍부하게 담을 수 없었다. 이 책에서는 대학 서열 체제의 양상과 대학 체제 개편안, 대입 자격고사를 중심으로 한 입시제도 개편안뿐만 아니라 이행 시기의 과도기 방안까지 보다 풍부하게 정리하려 하였다. 그리고 입시제도 개편의 실현 경로와 현실화 전망에 대해서도 담고자 하였다. 이러한 작업의 결과물은 교육을 변화시키려는 교육 주체들의 지속적이고도 완강한 투쟁을 통해서 지평이 넓어지고 전도가 밝혀졌기에 만들어질 수 있었다. 단지 연구와 토론에 긴 시간을 소비하는 것만으로 이루어진 것이 아니다. 교육 주체들은 묵묵히 때로는 격렬한 투쟁으로 가시덤불을 헤치고 입시혁명의 길을 개척해왔으며 우리는 그 과정에서 성장한 희망을 기록할 수 있었다.

전교조 참교육연구소에서는 2015년 입시제도 개편을 구체화하고 과도기 방안을 마련하는 연구를 진행하였다. 이 연구의 결과는 '전국교육정책연구소네트워크' 워크숍에서 발표되었고 전교조가 주관하는 참교육실천대회에서 토론되었다. 동시에 입시혁명안은 교육을 근본적으로 변화시키려는 교육 주체들의 교육혁명 대장정을 통해 사회적으로 여론화해왔다. 나아가 교육 주체들은 입시혁명 방안을 공약화하고 정책화하도록 각 정당에게 지속적으로 요구해왔다.

우리는 대중적 투쟁 과정 속에서 만들어지고 진화한 청사진을 종합적으로 정리하여 다시 교육 주체들과 공유하려 한다. 이 공유를 바탕으로 우리는 더욱 도도한 입시혁명의 흐름을 만들어갈 것이다. 지금까지는 아스라이 보이는 입시혁명의 봉우리를 보고 멀리서 행군해왔다면 이제부터는 우리 눈앞에 펼쳐진 능선을 오르는 일이 남아 있다.

입시혁명이 바로 저기다!

참교육연구소 입시연구팀 연구원 일동

(이현, 임재홍, 김학윤, 김학한, 하병수)

| 차례 |

입시지옥의 출구,
가까이 있다

입시 교육 해소의 처방

우리 사회에서 입시 경쟁 교육은 오랜 기간 교육의 핵심적 문제였다. 입시 교육이 학생들의 발달과 학교교육을 왜곡시키고 있다는 주장은 교육운동 진영에 국한되지 않는다. 경쟁이 불가피하다고 주장해온 국책 연구기관이나 경제연구소에서도 창의성을 키우지 못하는 교육의 주범으로 입시 교육을 지목한 지 오래다.

그동안 입시 위주 교육에 대한 문제의식은 넘쳐남에도 문제를 해결하는 현실 방안에 이르러서는 낡은 주장과 실패가 확인된 방법만이 변형되어 제시되었다. 또한 입시 경쟁을 해소하겠다는 명분을 내세우고 입시제도를 수술하였으나 정작 핵심 원인에 대해서는 손도 대지 못하고 끝이 났다. 이러다 보니 낡은 교육 체제의 문제는 더욱 심각해지고, 입시 경쟁 교육은 기세가 더욱 등등하다.

입시 경쟁 교육의 근본 원인은 극단적인 대학 서열화에 있다. 따라서 입시지옥의 탈출구는 대학 간 서열을 해소하고, 대학 교육을 이수할 최소한의 능력이 검증된 학생들 모두가 대학에 진학할 수 있도록 입시제도를 바꾸는 것이다. 지금까지 입시 교육을 해소한다는 명분으로 제시된 대책들은 이 문제를 회피하면서 매듭을 복잡하게 했을 뿐이다.

대학을 평준화하면 지옥 같은 입시 경쟁이 해소될 것이라는 판단은 단지 과거의 고교평준화 실시로 고입시험이 없어졌다는 사실에서만 추론하는 것은 아니다. 입시 경쟁 교육이 없는 세계 여러 나라들의 공통점은 대학이 평준화되어 있고 대학 선발이 대입자격고사를 중심으로 이루어지고 있다는 현실에서 근거한다. 결국 입시 경쟁과 대학 서열화는 본질적으로 연관되어 있다.

입시지옥의 출구

입시 경쟁이 없는 현실을 오래전부터 많은 사람들이 상상해왔고, 그 상상이 더디지만 현실의 변화로 이어지고 있다. 지금 경쟁적 입시 체제와 대학 서열 체제가 전성기를 구가하는 것처럼 보이지만, 바야흐로 이를 대체할 새로운 입시제도의 모습들이 구체화되고 있다. 입시 경쟁이 없는 새로운 세계가 멀지 않은 곳에서 어른거리고 있다. 여전히 험난한 난관들이 남아 있지만 우리는 입시지옥으로부터 벗어날 출구가 보이는 곳에 다가가고 있다.

다음은 유럽 대부분의 나라들이 취하고 있는 입시의 모습이다.

학생들은 대학입학자격고사를 본다. 합격을 하면 자기가 원하는 대학과 학과에 진학할 수 있다. 1점을 더 받기 위한 중압감도 없고 1등급이라도 높이기 위해 친구들을 상대로 한 경쟁도 없다. 학생들은 자신의 취미와 특기를 살릴 수 있으며 예술과 체육 활동을 충분히 할 수 있다. 고교 교육과정을 정상적으로 이수하면 대학에 진학할 수 있다. 대학 등록금은 무상이거나 부담이 없는 수준이다. 고등학교 학생들은 입시의 중압감도 없다. 대학은 평준화되어 있어서 어느 대학을 가도 관계가 없기 때문에 자기가 살고 있는 지역의 대학에 진학한다.

우리나라의 입시 상황은 이와 정반대이다.

학생들은 명문 대학에 진학하기 위해 내신 성적에서 1등급을 높이기 위해 친구들과 경쟁을 한다. 그리고 수능시험에서 1점이라도 더 받기 위해 아침 일찍부터 밤늦게까지 책상 앞에 앉아 있다. 입시 위주의 과목에 시간을 쏟아부으며 입시 과목이 아닌 교과는 뒷전으로 밀려난다.

반값 등록금 투쟁으로 대학 등록금 부담이 감소되었으나 여전히 등록금은 세계에서 2~3위로 비싸다. 대학은 서울의 주요 대학-서울 소재 대학-수도권 대학-지방대학으로 서열화되어 있고, 학과도 인기도에 따라 서열화되어 있다. 상위권 대학은 성적 우수 학생을 뽑아 서열을 유지·강화하고, 학생들은 상위권 대학 진학을 위해 점수 경쟁에 몰두한다.

이런 상황에서 우리나라의 입시제도를 유럽형으로 전환하는 것은 너무나 필요한 교육적·사회적 요청이다. 입시제도의 근본적 개편이 하루하루가 갈수록 더욱 절실해지고 있다. 그러나 입시혁명은 현행 제도의 모순이 심각한 수준으로 들어선 것만으로 가능하지 않다. 새로운 입시제도의 윤곽이 낡은 교육제도의 내부에서 준비될 때 비로소 혁명적 변화는 현실화될 수 있다.

입시혁명과 대학평준화의 한국적 경로

교육 주체들의 노력으로 최근 몇 년 사이에 새로운 입시제도를 위한 조건들이 하나둘씩 갖추어지고 있고, 국민들의 인식도 우호적으로 변화되고 있다.

첫째, 대학입시에서 절대평가가 도입되고 있다. 수능에서 영어와 한국사가 절대평가 체제를 취하고 있고 내신도 성취평가제를 도입하고 있다. 상대평가에서 절대평가로의 전환은 매우 중요한 의미를 담고 있다. 한정된 상위 순위의 성적을 차지하기 위한 경쟁으로부터 스스로가 일정한 목표에 도달했는가의 여부로 기준이 변화되는 것이다. 그리고 이와 같은 절대평가의 도입은 최종적으로 합격과 불합격이라는 2단계 절대평가인 대학입학자격고사로 전진하는 데에 결정적 난관을 통과했다는 것을 의미한다. 아울러 이러한 변화는 교육 활동에서도 경쟁으로부터 협력을 기반으로 한 교육으로 변화를 선도할 것이다.

둘째, 대학 체제 개편의 측면에서도 대학의 신자유주의 정책이 계속되고 있지만 대학생들의 반값 등록금 투쟁으로 대학의 공공성도 새로운 단계로 진입하였다. 지금은 국가장학금으로 학생들의 등록금에 지원되고 있지만 이 예산은 사용하기에 따라 대학의 공공성을 강화하고 사립대학에 대한 공적 통제를 강화할 수 있다. 대학 공공성 강화에 따른 대학 지배구조의 변화는 대학 서열 체제 해소의 지렛대로 작동할 것이다.

더욱이 대학 서열 체제에 안주해왔던 대학 주체들도 시장주의에 따른 구조조정을 정부가 추진함으로써 새로운 대안을 모색할 수밖에 없게 되었다. 그 대안은 공공성에 입각한 대학 체제의 개편이고, 이를 통해 대학 운영과 학문 발전 전략을 근본적으로 바꾸는 것이다. 대학 공공성 강화는 다른 한편 대학평준화의 물적 토대를 튼튼하게 구축할 것이다.

이제 입시와 대학을 둘러싼 판도가 바뀌고 있고, 입시혁명-대학평준화가 현실화될 수 있는 경로를 개척해가야 한다. 대학평준화의 한국적 경로를 찾아내고 이를 중심으로 변화의 거대한 물꼬를 만드는 작업은 오늘의 과제가 되고 있다.

제1장

불안과
공포가
지배하는
교육 공화국

현재 한국 교육의 가장 큰 문제점으로 '과도한 입시 경쟁'을 지목하고 있지만, 사교육비 문제, 입시 스트레스 등 현상적인 문제에만 골몰한 나머지 왜곡된 입시 제도로 인해 발생하는 수많은 교육 내적인 문제들에 대해서는 사회적 논의가 매우 부족하다.

　　한국의 교육 전체가 입시에 의해 왜곡되고 지배당하고 있다. 입시가 교육을 규정하는 힘은 상상 이상으로 훨씬 강력하다. 학생들이 경쟁의 스트레스에 시달리는 것만이 문제가 아니라, 학생들의 성장과 발달에 유익한 교육을 근본적으로 가로막는다는 점이 더 큰 문제이다. 한국의 학생들은 세계에서 가장 많은 시간을 공부하지만, 이런 공부가 자신의 지적 성장이나 행복한 삶을 살기 위한 능력을 키우는 데 도움이 되지 않고 오히려 방해가 되는 경우가 많다.

　　근본적인 입시개혁의 방향은 한국의 특징적인 입시제도가 교육 현장에서 어떤 교육적 문제를 일으키는지를 면밀하게 살펴보는 것에서 출발해야 한다. 입시 제도의 혁명은 사교육비 문제나 학생 인권 문제의 해결을 넘어 한국 교육을 근본적으로 쇄신할 수 있는 핵심적인 열쇠이다.

1.
한국 대입제도의 특징

학벌과 미친 경쟁

한국의 대학 서열 체제는 유별나다. 거의 모든 대학들을 일렬로 순위를 매길 수 있을 정도로 수직적으로 서열화되어 있다. 최근에는 취업이 어려워지면서 취업에 유리한 특정 학과에 대한 선호도도 급격하게 높아지고 있다. 대학 서열에 학과 서열까지 맞물리면서 더욱 세분화된 서열 체제가 형성되어 있다. 유럽의 대학들은 대부분 국공립으로, 서열이 거의 없거나 매우 느슨한 형태이다. 상대적으로 강한 서열이 존재하는 미국의 경우에도 대학들은 엄격한 순위에 의해 일렬로 서열화되어 있지 않으며 명문 사립대들(아이비리그), 명문 주립대, 일반 주립대 등으로 느슨하게 그룹화되어 있다.

한국의 대학 서열은 매우 엄격할 뿐만 아니라 사람들의 사회생활에 커다란 영향을 미친다. 고졸, 전문대졸, 대졸 등 학력에 따른 임금 격차가 매우 크며, 취업과 승진 과정에서 어떤 서열의 대학을 나왔는가를 의미하는 학벌이 중요한 역할을 한다. 안정적인 직장에 취업하기 위하여 특히 고위 공직자나 회사 임원 등으로 승진하는 데 학벌이 결정적이다.

학벌은 막강한 문화자본으로 기능하기도 한다. 상위 학벌을 지닌 사람은 단순히 공부를 잘했다는 의미를 넘어 훌륭한 인격을 지닌 존재로 과대평가된다. 또한 학벌은 부와 권력의 인적 네트워크에 접근할 수 있는 통행증 역할도 한다. 학벌은 취업, 임금, 승진 등 경제적 문제에만 관계되는 것이 아니라 사회적 인정이나 평판 심지어는 결혼 등 일상적 생활에까지도 강력한 영향력을 미친다.

이렇듯 한국 사회에서 학벌은 경제적 계급보다는 사회적 신분에 더 가까운 성격을 띤다. 학벌은 좀 더 많은 돈을 벌 수 있게 해주는 경제적 수단일 뿐만 아니라 그 사람의 사회적 인격과 지위를 보증해주는 사회적 신분이다.

한국에서는 사회적 불평등과 차별을 축소하거나 폐지하려는 진보적 사회운동이 미약한 수준에 머물러 있다. 자녀들이 사회에 나가 차별이나 부당한 대우를 받지 않기를 원하는 부모들은 자녀들의 학력-학벌 경쟁에 사활을 걸게 된다. 입시 경쟁에 개인적-사회적 자원들이 집중되면서 입시 경쟁이 극단적인 수준으로 치닫는다. '미친 경쟁'이라는 표현이 과하지 않을 정도로 경쟁의 압력은 상승하고, 학부모와 학생(개인적 자원) 그리고 학교와 교사(사회적 자원) 등 배우고 가르치는 모든 교육 주체들이 입시 경쟁에서의 승리를 교육의 유일한 목적으로 삼는다.

서열화와 상대평가

대부분의 나라에는 대학입시가 존재한다. 한국처럼 국가 수준의 평가 시험도 있고 학교 수준의 평가인 내신평가도 실시한다. 그런데 이들 나라의 시험은 한국처럼 세밀한 순위를 산출하는 데 이용되기보다는 대개 자격 기준이나 큰 수준의 성취 정도를 표시하는 데 이용된다. 대학과 학과가 극단적으로 서열화된 한국 사회에서는 학생들의 성적은 가능한 촘촘한 순위로 산출되어야만 입시 자료로 활용될 수 있다. 이를 위해 평가 방식은 절대적인 성취 정도가 아니라 개별 학생들의 상대적 위치를 나타내주는 상대평가가 중심이 된다. 현재, 수능과 내신 모두 상대평가 9등급제가 실시되고 있으며, 수능의 경우에는 더 세밀한 순위를 산출할 수 있도록 등급과 더불어 (표준변환)점수를 제공한다. 수능의 표준변환점수는 대개 550점 정도에서 최고점이 형성되고 대부분의 대학에서 등급보다는 점수를 사용하기 때문에 사실상 학생들의 성적이 500여 단계의 순위로 나뉜다고 볼 수 있다.

실제 대학입시에서 상위권 대학일수록 점수 1~2점에 따라 대학과 학과가 바뀌고 당락이 결정되는 경우가 허다하다. 자격 기준이나 느슨한 수준의 성취 정도만 표시되는 저부담 시험이 아닌 세밀한 상대적 지위가 표시되는 고부담 시험에 의해 학생들이 받는 스트레스는 어마어마하다. 한 문제라도 더 맞히기 위해, 또는 한 문제라도 실수를 줄이기 위해 모든 학생들은 학습 시간을 최대화하고 끊임없는 반복 훈련을 해야 한다. 이런 식의 경쟁에서는 도달해야 할 적정한 선이라는 것이 존재하지 않는다. 말 그대로 무한 경쟁이다. 학교나 교사의 입장에서도 시험에 나올 가능성이 있는 모든 내용을 세세하게 정리해주고 반복적 주입과 문제풀이를 되풀이할 수밖에 없다. 대부분의 학교 수업은 진도 빼기와 문제풀이에 매몰되면서 주제에 맞는 다양한 수업 방법 도입이나 학생들의 발달 수준에 맞는 개별 교육은 아예 엄두를 낼 수 없다.

한국 대학과 학과들의 엄격한 서열이 이런 세분화된 성적 산출을 요구하고, 이런 세분화된 성적 산출이 다시 대학과 학과들의 촘촘한 서열화를 촉진한다. 이렇듯 촘촘한 대학 서열과 세분화된 성적 산출을 위한 대입시험은 서로 마주 보고 있는 거울이지만, 상호관계를 규정하는 중심축은 대학 서열이다. 대학 서열이 폐지되거나 완화된다면 세밀한 성적 산출은 불필요해지겠지만, 세밀한 성적 산출을 완화시켜 대학 서열을 느슨하게 하는 것은 쉽지 않다. 엄격한 대학과 학과 서열 체제는 놓아둔 채, 입시 성적 산출만 느슨하게 하였을 때 우수 학생을 독점하려는 대학들의 반발도 예상할 수 있지만, 공정한 게임의 룰을 요구하는 학생이나 학부모들도 강력한 불만을 제기할 것이다. 결국 변별력을 발휘할 수 있는 새로운 장치가 다시 도입되는 악순환이 되풀이될 것이다.

공정성과 객관식 시험

한국 사람들은 객관식 시험에 너무 익숙해져서 시험 하면 객관식 선다형 문제를 떠올린다. 특히 초중등교육 단계에서는 다른 나라들도 당연히 객관식 시험이 대다수일 것으로 생각한다. 하지만 세계 어느 나라에서도 대학입학 시험이 한국의 수능처럼 모든 문항이 객관식 선다형으로 구성된 경우는 없다. 대부분 논서술형이 중심이고(프랑스 바칼로레아, 독일의 아비투어 등) 객관식 선다형 문제가 있는 경우에도 보조적인 수준이다(미국의 SAT 등). 왜냐하면 고등학교 수준의 교육 성취에 대한 평가와 대학 수학 능력에 대한 진단을 위해 객관식 시험은 매우 부적합하기 때문이다. 객관식 시험은 단순한 기본적 지식의 습득 여부를 판별하는 데는 유용하겠지만 복합적이고 창의적인 고등한 사고능력을 측정하는 데는 부적합하다.

입시 경쟁에 사활을 거는 사회에서는 입시 시험에 대한 형식적 공정성 및 외형적 객관성에 대한 요구가 매우 높게 형성된다. 이런 요구를 가장 손쉽게 충족할 수 있는 방법은 객관식 선다형 문제를 출제하는 것이다. 수능 정답 시비에서 알 수 있듯이 객관식 선다형 시험의 경우에도 문제가 발생할 수 있지만, 논서술형에 비해서는 훨씬 적을 것이다. 객관식 선다형 문제는 적어도 채점자의 주관을 완전히 배제할 수 있는 장점이 존재한다.

또한 객관식 선다형의 경우 많은 문제를 출제하여 성적을 매우 세밀하게 산출할 수 있다. 반면에 논서술형의 경우 점수를 세밀하게 산출하는 것이 매우 어려우며 성적을 세밀하게 산출하려 할 경우 채점 결과에 대한 커다란 시비를 불러올 수밖에 없다.

마지막으로 객관식 선다형 시험은 출제나 채점 비용이 매우 저렴하다. 논서술형의 경우 많은 채점위원들을 양성해야 하며 채점 시간도 많이 필요하다.

형식적 공정성의 유지, 세밀한 성적 산출, 저렴한 비용 등의 이유가
맞물려서 한국의 입학시험은 세계에서 유례를 쉽게 찾을 수 없는 객
관식 선다형 중심으로 구성되어 있다. 지금까지 대부분의 사람들은
객관식 선다형 중심의 입학시험 방식에 대해 문제의식을 크게 가지
고 있지 않았다. 하지만 객관식 선다형 중심의 입학시험은 한국 교육
을 왜곡하는 데 결정적인 역할을 하고 있다. '악마는 디테일에 있다'는
격언처럼, 사소한 것처럼 보이는 시험 출제 방식이 학교교육에 미치는
영향력은 생각보다 매우 지대하다.

영어, 수학 공화국

한국 대학입학시험의 또 하나의 특징은 영어와 수학 비중이 과도하
다는 점이다. 이로 인해 학생들은 학창 시절 내내 수학과 영어에 올인
한다. 실로 영어, 수학 공화국이라 불릴 만하다. 학생들의 부담을 줄여
준다는 명분으로 탐구 과목(사회와 과학)을 계속 축소하면서 영어, 수
학의 비중은 더욱 커져 50%를 훌쩍 넘어섰으며, 사실상 이 두 과목이
대학입시에서 결정적인 역할을 한다. 수학의 경우 난이도가 매우 높고
출제 영역이 광범위하기 때문에 시험에 대비하려면 장시간의 학습 노
동을 투자해야 하며, 영어의 경우에도 범교과 출제이고 외국어의 특성
상 지속적으로 학습해야 할 필요성이 발생한다.
전 세계 어디에서도 한국처럼 전공과 계열에 상관없이 수학이 절대
적인 비중을 차지하는 사례를 찾아보기 힘들다. 또한 국가 수준 시험

에서 모국어의 비중은 높은 편이지만, 특정 외국어가 필수화되어 있고 그 비중이 매우 높은 경우도 찾아볼 수 없다. 유독 한국의 대학입시에서만 영어와 수학의 비중이 과도할 뿐이다. 대학입시에서의 영어, 수학의 과도한 비중은 학교교육과정에서 영, 수의 과잉 편성을 낳았다. 사교육도 영어, 수학이 대부분을 차지한다. 학교교육과 사교육까지 고려하면 한국의 학생들은 초등학교 고학년부터 고등학교 졸업까지 대략 청소년기 10년간을 거의 영어와 수학 공부에 매진하고 있다.

우리나라의 영어, 수학 과잉은 프랑스의 대입시험 제도인 바칼로레아와 비교해보면, 확연히 드러난다.

전기 바칼로레아 / 고2 말에 시험

문과 계열		경제 계열		과학 계열	
과목	비중	과목	비중	과목	비중
국어(지필)	3	국어(지필)	2	국어(지필)	2
국어(말하기)	2	국어(말하기)	2	국어(말하기)	2
과학	2	과학	2	과학	3

후기 바칼로레아 / 고3 말에 시험

문과 계열		경제 계열		과학 계열	
과목	비중	과목	비중	과목	비중
문학	4	역사지리	5	수학	7/9
역사지리	4	수학	5	물리화학	6/8
제1외국어	4	사회경제	7	생명지구과학	6/8

제2외국어	4	제1외국어	3	환경농업지역	7/9
외국문학	1	제2외국어	2	엔지니어 공학	6/8
철학	7	철학	4	제1외국어	3

*과학 계열의 생명지구과학, 환경농업, 엔지니어 공학 중 택 1
출처_대학입시 정책의 국제비교연구(한국교육개발원, 2014. 12)

전·후기 문과 계열 바칼로레아 시험 과목에 수학은 없다. 문과 계열에서 외국어 비중은 평균 수준이고, 경제·과학 계열에서 외국어의 비중은 매우 낮다. 대부분의 국가에서는 프랑스와 같이 모국어, 인문학, 사회과학, 자연과학, 외국어, 수학을 고르게 공부할 수 있는 교육과정과 입시제도를 운영하고 있다.

복잡한 대학 입학 전형

우리나라의 대학 입학 전형은 지극히 복잡하다. 3000가지가 넘는 엄청난 대학 전형 방식이 문제가 되고 국민들의 불만이 높아지자 2012년 대선에서 후보들은 입시제도 개편을 공약화하였다. 그래서 대선 이후 박근혜 정부도 2013년 대입 전형 체계를 크게 5개 유형으로 구분하는 대입 전형 간소화 방안을 발표하였다.

대입 전형 개선 방안에 따르면, 수시는 학생부·논술·실기 위주로, 정시는 수능·실기 위주로 전형을 단순화하고, 대학들은 학교별로 전형 방법을 수시는 4개 이내, 정시는 2개 이내로 간소화한다는 것이었다. 그리고 수시에 수능시험을 반영하는 수능 최저 학력 기준 제도를

대입 전형 체계(안)[1]

구분	전형 유형	주요 전형 요소
수시	학생부 위주*	학생부교과, 비교과, 자기소개서, 추천서, 면접 등
	논술 위주	논술 등
	실기 위주**	실기 등(특기 등 증빙 자료 활용 가능)
정시	수능 위주	수능 등
	실기 위주	실기 등(특기 등 증빙 자료 활용 가능)

*입학사정관 등이 전형에 참여하여 학생부를 심층 평가하는 경우 포함
**실기 위주 전형에는 '특기자 전형' 포함

대학별로 완화하도록 권장하였다.

교육부의 이러한 간소화 정책으로 각 대학별로 전형 방안은 숫자적으로 줄었다. 그러나 학생들의 입장에서는 여러 개의 대학을 진학 대상에 올려놓고 입시를 준비해야 하기 때문에 실제로 준비해야 하는 전형의 숫자는 이전과 크게 달라지지 않았다. 또한 각 전형별 학생들의 부담도 전혀 줄어들지 않았다. 수시의 경우만 해도 학생부교과, 면접, 논술 등에 대비해야 할 뿐만 아니라 수능 최저 등급이 남아 있는

---

1. 교육부, 「대입 전형 간소화 및 대입제도 발전방안(시안)」

대학들의 경우 수능시험마저 준비해야 하는 조건이 여전히 지속되고 있다.

또한 학생부 전형의 경우에도 학생부교과전형과 학생부종합전형으로 나뉘는데, 입학사정관제로부터 변화되어온 학생부종합전형은 입학사정관제의 문제점을 그대로 지니고 있다. 학생부종합전형은 학교와 가정에서 다양한 전형 요소에 대한 효과적인 지원이 있을 때 합격의 문을 통과할 가능성이 높아진다. 외부 수상이나 경시대회 결과를 학생부에 반영하지 못하게 하더라도 ,학교가 다양한 교과 및 비교과 프로그램을 만들어서 학교생활기록부에 등재하기 위한 활동을 개발해야 한다. 또한 이러한 비교과 영역에 대해서는 학생뿐만 아니라 가정에서도 직간접적인 방법으로 학생부 등재 스펙을 만들기 위해 적극적으로 대응해야 한다.

2017년 대교협이 발표한 대입 전형을 보면 수시 모집 비율이 지속적으로 증가하고 있다. 2015년도 64%였던 수시 모집 비율이 2017년도에는 69.9%로 증가하였다.

대입 전형별 모집 인원 및 비율

구분	수시 모집		정시 모집		계(명)
	모집 인원(명)	비율(%)	모집 인원(명)	비율(%)	
'17학년도	248,669	69.9	107,076	30.1	355,745
'16학년도	243,748	66.7	121,561	33.3	365,309
'15학년도	241,093	64.0	135,774	36.0	376,867

그리고 수시 모집의 경우에 학생부교과가 39.7%, 학생부종합이 20.3%로 학생부교과의 비중이 학생부종합에 비해 2배가량 높게 나타났다. 논술의 비중은 6.0%로 수시에서 다른 전형에 비해 적은 비중을 차지하고 있다.

2017년 주요 대학 전형[2]

		수시								정시
		학생부교과			학생부종합	논술	실기		계	
		교과	면접	서류						
전국	355,745	141,292(39.7%)			72,101 (20.3%)	14,861 (6.0%)	17,942 (7.2%)		248,669 (69.9%)	107,076 (30.1%)
6개	19,669	318 (1.6%)	0	259 (1.3%)	7,890 (40.1%)	3,773 (19.6%)	1,711 (8.7%)	351 (1.8%)	14,262 (72.5%)	5,407 (27.5%)
		577(2.9%)								
12개	41,665	1,444 (3.5%)	20	709 (1.7%)	15,320 (36.8%)	7,356 (17.7%)	2,091 (5.0%)	1,396 (3.3%)	28,336 (68.0%)	13,329 (32.0%)
		2,153(5.2%)								

6개 대학: 고려대, 서강대, 서울대, 성균관대, 연세대, 한양대
12개 대학: 6개 대학+(건국대, 경희대, 서울시립대, 이화여대, 중앙대, 한국외대)

　　그런데 이러한 각 전형이 차지하는 비율은 상위권 대학에 가게 되면 완전히 다른 양상으로 나타난다. 즉 상위권 6개 대학의 경우 학생부교과의 비중은 2.9%, 학생부종합의 비중은 40.1%, 논술의 비중은 19.6%로 급격하게 높아진다. 즉 전국적으로는 학생부교과가 일반적이

2. 박권우, 『수박 먹고 대학 간다』, 리빙북스, 2016, 31쪽.

고 대표적인 전형이지만 상위권 대학에서는 학생부종합이 대표적인 전형으로 변화하고 논술의 비중이 높아지고 있다.

이러한 양상은 12개 대학에서도 경향적으로 나타난다. 상위권 12개 학교의 경우 학생부교과는 5.2%, 학생부종합은 36.8%, 논술은 17.7% 로 나타나고 있다.

결국 상위권 대학들은 학생부교과에 비해 복잡한 입시 전형을 채택하고 있다. 또한 상위권 대학은 학생 선발 시 객관적 지표보다는 자체의 선발 기준을 잣대로 사용한다는 것이다. 이에 따라 학생부종합전형에서 대학이 자의적으로 고교등급제를 도입하더라도 단지 주관적 기준으로 선발한 것이 될 뿐, 과거 고교등급제 금지 정책과 같은 논란 없이 인정되고 있다는 점이다.

현재의 대입 전형은 매우 복잡할 뿐만 아니라 간소화를 추진했다고 하더라도 '새 발의 피'에 불과하다. 또한 전체 대학들이 수시 모집을 늘리면서 학생부교과전형을 기본적 전형으로 채택하고 있지만 이른바 상위권 대학들은 학생부종합전형을 통해 '그들만의 리그'를 강화하고 있다. 상위권 대학의 이러한 대입 전형은 한국사와 영어시험의 절대평가로 전환과 연동되어 있다. 즉 수능시험보다는 학생부종합전형을 통해 상류층과 상위권의 학생을 확보하여 대학 서열을 공고화하겠다는 대학의 전략에서 비롯되었다.

2.
현 대입제도의
핵심적인 문제점

정상적인 발달과 교육 방해

입시와 교육, 목적 전도 현상

근대사회가 시작되면서 교육은 모든 사회 구성원들이 자신의 잠재능력을 온전히 계발할 기회를 얻고 이를 통해 전면적 발달을 도모할수 있는 만인의 보편적 권리로 선포되었다. 하지만 한국의 교육 현실에서는 학생의 다양한 잠재능력을 어떻게 계발할지, 어떤 교육을 통해성장 단계에 맞는 학생의 발달을 이끌어낼지를 고민할 여유가 없다. 이런 고민들은 엄혹한 입시 현실을 외면한 사치스러운 것으로 치부된다. 교육의 모든 목표는 최후의 관문인 대학입시에서 좋은 성적 올리는 것으로 귀결된다.

다른 나라들의 학부모와 학생들도 좋은 직장을 얻고 사회적 지위를 상승시키는 것을 교육의 목적으로 추구한다. 직업에 따른 사회적불평등이 존재하는 사회에서는 당연한 현상이다. 문제는 한국 사회에서는 교육 실행의 주체인 학교와 교사 또한 입시 경쟁의 승리를 교육의 거의 유일한 목적으로 삼는다는 점이다. 물론 교사마다 편차가 존재하며, 학교의 경우에도 대학입시에 멀수록 입시 경쟁으로부터 받는 영향력은 약화되겠지만, 단지 정도의 차이일 뿐 본질 자체가 다르지는 않다.

한국의 학교와 교사는 단순히 해당 학교의 학부모나 학생들에게 직접적인 압력을 받는 것이 아니다. 대부분의 사회 구성원들이 입시 경쟁에 사활을 걸다 보니 사회 전체가 학교와 교사에게 입시 경쟁에서 학생들이 승리할 수 있도록 모든 힘을 쏟을 것을 강제하는 분위기가 형성된다. 입시 성적이 좋은 학교가 최고의 학교이며, 사교육 기관과 입시 경쟁력에서 비교를 당하면서 학교와 교사는 계속 비난을 받는다. 일반 기업들의 존재 근거가 시장에서의 상품 경쟁력이듯, 한국 사회에서 학교와 교사의 존재 근거는 입시 경쟁력이다.

대학입시에 가까워질수록 이런 현상이 더욱 심화된다. 한국의 고3 교실에서는 EBS 교재가 교과서의 역할을 대신하고 있다. EBS 교재가 교육적으로 훌륭해서가 아니라 거기에서 시험문제가 출제되기 때문이다. 봉사활동은 봉사정신의 함양이 아니라 봉사 실적을 위해 존재한다. 학생회 활동은 민주주의의 경험이 아니라 스펙을 위해 필요하다. 공부뿐만 아니라 학교에서의 모든 활동이 입시라는 블랙홀에 흡수된다. 모든 교육적 가치는 사라지고 입시 경쟁에서의 승리라는 유일한 가치만 살아남는다. 학교에서 올바른 교육에 대한 고민은 설 자리가 없다. 오로지 입시 성적 올리기라는 단일한 목표를 향한 광적인 집착만 존재할 뿐이다.

암기와 문제풀이 위주의 학습, 정상적인 발달 방해

객관식 선다형 문제풀이에 대비하기 위한 가장 좋은 수업 방법은 암기에 편리하도록 지식을 도식화하고 일방적인 강의식 수업을 통해 이를 학생들에게 전달하는 것이다. EBS 교재나 사교육 기관의 유명한 교재를 보면 교과 과목과 상관없는 표들을 많이 볼 수 있다. 이는 지식과 개념들의 상호관계나 내적 연관들을 생생하게 보여주기 위한 분류와 체계화가 아니라 단지 암기나 단편적 이해의 편리성을 위한 도식화이다. 학생들의 중심적인 학습 방법은 도식화되거나 단편적으로 분절된 지식들을 반복적으로 암기하고 이를 바탕으로 문제풀이를 되풀이하여 정답을 선택할 수 있는 감각을 키우고 다양한 문제 유형에 적응하는 것이다. 암기와 가장 거리가 멀게 느껴지는 수학까지 한국 교육에서는 암기 과목이다. 공식이나 문제풀이 방법을 암기하고, 반복적 문제풀이를 통해 문제 유형을 익힌 다음, 공식이나 문제풀이 방법을 문제 유형에 맞게 대입하는 과정으로 수학 학습이 이루어진다. 정리나 공식의 원리를 깊숙이 이해하고 이를 응용할 수 있는 창의력보다는 정리나 공식을 암기하고 이를 문제 유형에 맞추어 대입하는 능력이 중요하다.

객관식 선다형 중심의 한국의 독특한 대학입학시험 제도는 도식화되고 단편화된 지식을 일방적으로 전달하는 강의식-주입식 교수 방법과 주어진 지식에 대한 무조건적 암기와 반복적 문제풀이를 중심으로 하는 학습 방법을 일반화시킨다(사실 일방적 강의식 수업은 한국의 열악한 교육 환경에 기인하는 바도 크다. 과밀 학급에서 가장 효율적인 교수 방법은 강의식 수업이다. 따라서 강의식-주입식 교육은 입시 교육과 과밀 학급이라는 두 가지 요인이 결합하여 발생한 것이다).

무조건적 암기와 반복적 문제풀이에 혹사당하는 학생들은 청소년기에 거쳐야 하는 정상적인 지적-정서적-육체적 성장과 발달 과정을 거치지 못하거나, 그들이 투여했던 과도한 에너지에 비해 초라하기 그지없는 결과만을 손에 쥘 뿐이다. 그들은 다양한 텍스트를 심층적으로 접하면서 자기 자신과 세계에 대한 깊은 성찰과 사유를 할 수 있는 여유도, 동료들과 지적-정서적 측면에서 교류하면서 소통과 협력의 능력을 키울 기회도, 학교나 학급 공동체에서 민주적으로 참여할 수 있는 자치의 경험도 누릴 수 없다. 입시 교육을 통해 학생들은 세계, 인간, 자기 자신에 대한 생생하고 총체적인 인식을 얻는 것이 아니라 죽어 있고 분절되어 있는 얇은 지식들만 축적해나갈 뿐이다.

▶전면적 발달이란 무엇일까?

교육의 목표로 인간의 전면적 발달을 내세우는 경우는 많지만 전면적 발달이 무엇인지에 대한 합의는 쉽지 않아 보인다. 인간의 전면적 발달은 결코 모든 분야의 지식과 모든 영역의 기능을 숙달해야 한다는 것을 의미하지 않는다. 즉 보통 전인 교육의 속류화된 이미지인 팔방미인을 키워내는 것이 아니다. 또는 지덕체의 고른 발달 등에서 볼 수 있는 것처럼 공허한 개념 놀이에 그칠 수도 없다.

우선, 전면적 발달은 어떤 특정한 지식의 습득이나 기능 숙달보다는 인간에 보편적으로 존재하는 정신의 일반적 능력을 키우는 것을 의미한다. 인간의 정신 기능에는 매우 생득적이고 본능에 가까운 기초정신기능과 인간 각 개체에게 잠재적으로만 주어져 있는 고등정신기능이 있다. 고등정신기능의 현실화 여부는 주로 교육에 의해 좌우되며, 교육적 실천은 이런 각 개체들에게 잠재되어 있는 고등정신기능을 현실화시키는 것이다. 비고츠키의 분류를 보면 좀 더 쉽게 이해할 수 있을 것이다.

기초정신기능 (수동적, 반응적)	반응적 지각	반응적 주의	자연적 기억	실행적 사고
고등정신기능 (능동적, 의지적)	범주적 지각	자발적 주의	논리적 기억	개념적 사고

기초정신기능은 체계적인 교육이 없어도 대다수의 사람들이 그 기능을 갖게 된다. 반면에 고등정신기능은 체계적인 교육 없이는 제대로 성숙할 수 없다. 따라서 교육을 통한 전면적 발달의 일차적 의미는 잠재화되어 있는 고등정신기능의 현실화이다.

전면적 발달의 두 번째 측면은 건강한 사회적 주체로 성장하는 것이다. 건강한 사회적 주체에 대해서는 다양한 의견이 존재하겠지만 몇 가지 기본적인 합의점을 찾을 수 있을 것이다. 인간은 동물 등 다른 개체와 다르게 주변 세계에 수동적으로 적응하는 것이 아니라 능동적으로 작용할 수 있는 능력을 지니고 있다. 그런데 이때 능동성의 토대는 세계에 대한 인식 능력과 자기 자신에 대한 반성 능력이다. 이런 인식과 반성이 과학적이고 총체적일수록 인간은 훨씬 강력한 능동성과 자율성을 지닐 수 있다. 입시 교육을 통해 피상적이고 분절적인 지식을 아무리 양적으로 많이 쌓아도, 능동성과 자율성을 지닌 사회적 주체로 성장하는 데 도움이 되지 않는다. 세상은 겉으로 드러나는 현상 그 자체로 인식될 수 없기 때문에 교육을 통해 습득한 과학적 개념을 통해 세계를 비판적으로 분석하고 종합할 수 있는 능력을 키워야 한다. 세계를 내적 연관과 상호관계 속에서 총체적으로 바라보고 사유하려는 훈련이 지속되어야 한다. 그래야 이른바 '세계관과 가치관'이 제대로 형성되면서 자율적이고 능동적인 주체가 될 수 있다.

고등정신기능의 발달과 자율적이고 능동적인 사회적 주체로의 성장은 분리되어 있지 않다. 고등정신기능이 성숙해야 과학적이고 총체적인 세계 인식을 통해 자율적이고 능동적인 주체성을 지닐 수 있으며, 거꾸로 자율적이고 능동적인 삶의 태도는 고등정신기능 발달의 필요를 자각하는 계기가 될 것이다.

속도 경쟁, 수많은 학습 포기자 양산

학교교육이 입시 경쟁에 종속되면서 나타나는 또 하나의 중대한 문제는 학습 포기자의 조기 양산이다. 학생들은 치열한 성적 경쟁에서 이른 시기에 좌절감이나 패배감을 맛보면서 학습에 대한 의욕을 상실하기 쉽다. 또한 학교와 학원에서 지루한 입시 교육의 반복을 경험하면서 학습에 대한 흥미를 잃기도 한다. 강제적인 장시간 학습 노동, 자기의 삶과 유리된 지식 교육, 다양하지 못한 수업 방법 등은 배움을 즐거움이 아니라 고통으로 느끼게 한다.

한편, 한번 뒤처지기 시작하면 이를 만회할 수 있는 기회를 거의 만나기 힘들다. 학년이 올라갈수록 학습량은 많아지고 지루한 입시 준비 교육은 더욱 강화된다. 학교 수업은 입시 준비를 위한 진도 빼기에 바빠 학생의 학습 결손을 보충해주지 못한다. 가르쳐야 할 내용과 수준을 입학시험이 결정하기 때문에 교사들은 학생들의 조건에 맞게 교육의 양이나 난이도를 조절할 수 없다. 시험에 나올 가능성이 있는 내용은 학생들이 소화할 수 있을지 여부와 관계없이 빠짐없이 가르쳐야 한다는 강박에 시달린다. 더욱이 한국의 과밀 학급은 학생 개개인의 발달 수준에 맞는 개별 수업이나 지원을 더욱 어렵게 만든다.

결국 학생들은 입시 교육 때문에 학습 결손을 보충할 기회를 박탈당하고, 자기의 성장 속도 및 발달 수준에 맞게 교육받을 권리를 부정당한다. 많은 학생들이 낙오자나 실패자가 되면서 자존감을 상실한다. 고통스러운 현실에 대한 절망적인 회피와 상상적 도피의 수단으로 폭력에 의지하거나 대중문화에 빠져든다.

한국의 학교는 따라올 아이들만 데리고 입시전쟁을 치르기에도 벅차다. 결국 학습 결손 학생들의 교육은 포기하고, 학교는 그들이 커다란 사고만 치지 않도록 관리하는 것을 목표로 삼게 된다.

시대를 거스르는 교육

입시 교육은 시대착오적이다

입시 교육은 시대의 변화 즉 지적-기술적 환경의 급속한 변화, 사람들의 생활양식과 소통 방식의 혁신 등을 따라가지 못하면서 시대 흐름과 더욱 괴리되고 있다. 현대사회에서 지식과 정보의 생산과 유통 속도는 엄청나다. 또한 각종 기기의 발전으로 지식과 정보의 흐름에 접속하는 데 시공간적 제약이 거의 사라지고 있다. 그러나 지식과 정보의 생산과 유통 속도가 빨라진다고 하여 사람들이 자연스럽게 똑똑해지거나 현명한 판단을 하는 것은 아니다. 오히려 넘쳐나는 지식과 정보의 홍수 속에서 그리고 나날이 복잡해지는 삶의 양식과 사회 현상 속에서 개인들은 무기력감에 빠질 수도 있다. 해독할 수 없는 여러 지식이나 정보에 노출되면서 주변 세계는 이해 불가능한 것으로 다가오고, 이른바 전문가에 대한 의존성이 커질 수도 있다.

이런 시대적 상황에서 언제, 어디서나 쉽게 접속할 수 있는 지식과 정보를 맹목적으로 암기하고 이를 근거로 하여 주어진 보기 중에서 정답을 고르는 능력을 키우는 입시 교육은 시대착오적이다. 이제 학생들에게 필요한 것은 지식이나 정보의 양적 축적이 아니다. 넘쳐나는 지식과 정보들을 해석하고 재구성할 수 있는 능력, 나날이 복잡해지며 급속하게 변하는 사회-문화적 현상을 체계적이고 비판적으로 이해할 수 있는 능력이 필요하다. 각 교과의 기본적이고 핵심적인 개념들과 개념들의 체계(즉 주요 이론)에 대한 충분한 학습이 이루어지고 이를 활용하여 복잡한 현실을 분석하고 종합하는 훈련이 지속되어야 한다. 나아가 다른 사람들이 생산한 지식이나 정보들을 비판적으로 해석하고 자기의 필요에 의해 그것들을 적합하게 재구성하는 활동들도 활발하게 이루어져야 한다.

입시 교육, 자본의 요구에도 응답하지 못하고 있다

자본주의가 발전하면서 노동의 구성과 성격도 변한다. 초기 산업화 시대에는 자연의 대상을 가공하는 공장의 육체노동자 비중이 상대적으로 높지만, 자본주의 경제가 성장할수록 지식과 정보와 관련된 노동이나 인간을 대상으로 하는 정서 노동의 비율이 높아진다. 또한 상품의 현실적 유용성 이외에 심미적 욕구도 커지면서 상품의 생명주기가 짧아지고 상품의 종류도 다양해진다. 이런 상황에서는 인내력을 가지고 단순 작업의 반복을 견디는 능력이나 남의 것을 열심히 모방

하는 능력보다는 창의성과 혁신 능력이 시장에서 성공할 수 있는 매
우 중요한 요인이 된다.

OECD: DeSeCo Key Competences

핵심 역량	하위 역량
1. 도구를 상호작용적으로 활용하는 능력 (Use tools interactively)	① 언어, 상징, 텍스트 등 다양한 소통 도구 활용 능력 ② 지식과 정보를 상호작용적으로 활용하는 능력 ③ 새로운 테크놀로지 활용 능력
2. 이질적인 집단 속에서의 사회적 상호작용 능력 (Interact in heterogeneous groups)	⑤ 인간관계 능력 ④ 협업/협동 능력 ⑥ 갈등 관리 및 해결 능력
3. 자신의 삶을 자주적으로 관리할 수 있는 능력 (Act autonomously)	⑦ 사회/경제적 규범 등 주변 큰 환경을 고려하면서 행동하고 판단하는 능력 ⑧ 자신의 인생계획, 프로젝트를 구상, 실행하는 능력 ⑨ 자신의 권리, 필요 등을 옹호, 주장하는 능력

출처_http://www.oecd.org/pisa/35070367.pdf

위의 표는 2005년에 OECD에서 발표한 현대 교육이 지향해야 할
핵심 역량을 정리한 것인데, 창의성과 혁신 능력 등 후기 자본주의에
필요한 노동력 양성을 위한 교육 목표로 볼 수 있다. 이들 교육 목표
는 초기 자본주의 체제에서 필요로 하였던 규율, 인내, 단순 기술보다
는 지식과 정보 등 상징적 도구 활용, 상호작용, 자기관리 능력 등을
강조한다. 하지만 현재 한국에서의 입시 교육으로는 위에서 제시한 핵
심 역량을 기르는 것이 불가능하다.

도식화된 지식을 일방적으로 전달하는 주입식 교육과 단편적 지식
의 암기와 문제풀이 학습이 중심인 입시 교육은 상징적-기술적 도구

들을 활용할 수 있는 기회를 극히 제한한다. 또한 입시 교육은 철저히 개별화된 개인들 사이의 극단적인 경쟁의 성격을 지니고 있다. 상호작용의 과정은 철저히 배제된다. 이런 상황에서 협력 및 협동의 경험 자체가 불가능하고 상호작용도 거의 일어나지 않는다. 입시 교육은 지식을 자신의 삶이나 자기가 처한 현실로부터 분리하여 죽은 것으로 만든다. 이런 상황에서 자신의 삶을 자주적으로 관리할 수 있는 능력을 키우는 것은 불가능하다. 입시 교육을 통해 기를 수 있는 삶의 관리 능력은 지루하고 고통스러운 과정을 견딜 수 있는 참을성 정도일 것이다.

최근에 보수적인 주류 언론이나 보수적 학계에서도 입시 교육에 대한 문제 제기가 확산되고 있다. 그것은 현재의 입시 교육이 시대의 변화나 자본의 요구에 점점 더 부적합해지고 있기 때문이다. 입시 교육 폐지는 진보적 시각에서만 절실한 것이 아니라 보수적인 관점에도 점점 절박한 문제가 되고 있다. 입시 교육은 교육만이 아니라 한국 사회 전체의 활력을 잠식하고 우리 삶의 미래를 어둡게 만들고 있다.

세계에서 가장 불행한 아이들

청소년 행복지수 6년 연속 꼴찌

2009년부터 시작된 한국방정환재단과 연세대 사회발전연구소의 '어린이·청소년 행복지수 국제비교' 결과에 의하면 한국의 학생들은 주관적 행복지수가 조사 대상인 OECD 국가들 중에서 2014년까지 6년

2014년도 영역별 OECD 국가 행복지수

OECD 국가평균=100

국가	물질적 행복	보건과 안전	교육	가족과 친구관계	행동과 생활양식	주관적 행복
스페인	106.72	97.99	③109.43	107.5	93.99	①117.68
네덜란드	103.87	108.98	105.85	②115.76	107.51	②114.69
그리스	95.56	99.76	93.67	92.63	93.61	③111.73
이탈리아	100.62	102.02	104.67	①120.20	93.99	107.44
스위스	–	101.00	91.23	107.08	97.16	106.06
오스트리아	②113.33	79.67	80.23	91.67	99.11	105.59
미국	80.51	75.6	102.27	80.48	–	105.36
스웨덴	–	①117.65	90.32	104.48	–	104.90
아일랜드	–	105.25	①123.51	103.66	106.02	103.95
핀란드	①118.95	113.21	96.69	94.71	98.47	102.34
독일	95.41	102.64	93.9	100.49	101.85	101.88
프랑스	104.36	105.39	100.82	97.30	97.41	101.45
체코	111.72	102.00	95.55	90.90	82.84	100.87
노르웨이	–	108.67	89.77	107.56	③110.58	100.42
포르투갈	92.93	87.89	104.36	③114.72	104.51	100.37
영국	93.24	100.07	95.66	86.15	93.19	96.96
덴마크	–	99.71	91.83	104.14	②113.30	94.88
캐나다	–	99.36	–	84.81	99.25	93.19
헝가리	92.17	93.75	90.53	99.52	90.66	88.10
벨기에	98.28	96.39	106.69	103.11	97.57	85.43
폴란드	85.98	97.00	108.95	92.67	90.15	85.40
한국	③111.92	③111.06	②122.18	98.85	①128.84	74.04
호주	–	95.38	100.20	–	–	–
일본	99.64	107.4	–	–	–	–
뉴질랜드	94.79	83.14	103.08	–	–	–
아이슬란드	109.02	98.62	101.62	–	97.28	–

출처_한국방정환재단과 연세대 사회발전연구소 '어린이·청소년 행복지수 국제비교' 2014

연속 꼴찌를 기록하고 있다.

위 표에서 주관적 행복지수 이외의 나머지 지수들은 모두 객관적 지표를 이용하여 낸 통계 결과로서, 한국의 어린이와 청소년들이 처한 객관적인 상황은 결코 나쁘지 않은 것으로 나타났다. 유독 주관적 행복지수만 최하위이다.

왜 객관적인 조건은 괜찮은데 주관적인 행복감은 최악일까? 어린이와 청소년들은 대부분의 시간을 학교에서 보내며, 그들의 가장 중요한 일은 공부이다. 따라서 이들의 주관적 행복감을 좌우하는 가장 중요한 요소는 학교와 교육일 수밖에 없다. 한국의 어린이와 청소년들은 그들이 처한 객관적 상황은 나쁘지 않지만 교육에 의한 스트레스 때문에 세계에서 가장 불행한 유년기와 청소년기를 보내고 있다. 다음의 조사 결과를 보면 좀 더 정확한 이유를 알 수 있다.

과도한 스트레스에 시달리고 있다

일반고 학생의 85.6%가 학업 스트레스를 받고 있다. 초등학생도 무려 43% 그리고 중학생의 71.8%가 역시 학업 스트레스를 받고 있다. 한국의 교육은 철저하게 경쟁과 서열화에 기초해 있다. 이미 초등학교 때부터 주변 친구들과 성적을 비교당하고, 성적이 낮으면 인생의 실패자가 될 것이라 위협을 받는다. 성적이 낮은 학생들은 끊임없이 실패자와 낙오자로 낙인찍히면서 패배감과 열등감에 시달린다. 성적이 높은 학생들도 꼭대기까지 치고 올라가야 한다는 압박감과 지금의 자리를 지킬 수 있을까 하는 불안에 시달린다.

지루한 입시 노동에 장시간 시달리는 것도 커다란 스트레스를 발생

최근 학교나 공부, 성적 등 때문에 괴롭다고 느끼거나 스트레스를 느낀 적이 있습니까?

		자주 있다	가끔 있다	별로 없다	전혀 없다	총계
초등학교	개수	217	468	408	496	1590
	%	13.6%	29.4%	25.7%	31.2%	100.0%
중학교	개수	606	767	326	214	1913
	%	31.7%	40.1%	17.0%	11.2%	100.0%
일반고	개수	1110	908	238	103	2359
	%	47.1%	38.5%	10.1%	4.4%	100.0%
특성화고	개수	130	126	74	54	384
	%	33.9%	32.8%	19.3%	14.1%	100.0%
총계	개수	2063	2269	1047	867	6246
	%	33.0%	36.3%	16.8%	13.9%	100.0%

출처_「대한민국 초중고등학생 학습 시간과 부담에 관한 실태 조사」, 청소년인권행동 아수나로, 2015

시킨다. 초등학교 때부터 학교교육은 물론 사교육 시장을 전전해야 하며, 대입에 가까워올수록 정규 수업, 보충 수업, 자율 학습, 학원 수업 등으로 세계 최장의 학습 노동에 시달린다. 어린 시절에는 학교에서, 나이 먹어서는 직장에서 세계 최장의 노동에 시달리는 게 한국인들의 운명이다.

성적은 좋으나 공부는 싫어하며, 쉽게 자살 충동에 휩싸여

한국의 학생들은 학습 시간이 매우 길고, 성적 향상에 대한 강한 압력에 노출되어 있기 때문에 국제적인 학업성취도 시험 결과는 항상

높게 나온다. 하지만 높은 성적에 비해 학업 흥미도는 최하위를 보이고 있다.

TIMSS 수학-과학 성취도 조사(2011)

수학			과학		
순위	국가	평균 점수*	순위	국가	평균 점수*
1	대한민국	613	1	싱가포르	590
2	싱가포르	611	2	대만	564
3	대만	609	3	대한민국	560
4	홍콩	586	4	일본	558

TIMSS 수학-과학 흥미도 조사(2011)

구분	대한민국	참여국 평균
수학 공부를 좋아함	8%	26%
과학 학습을 좋아함	11%	35%

*중학교 2학년 대상, *42개국 30여만 명의 학생 참가

5년마다 실시되는 국제 수학-과학 성취도 평가인 TIMSS의 2011년도 결과를 보면, 한국의 중2 학생들은 참여국 중에서 수학은 1위, 과학은 3위 등 최상위 성적을 기록하였다. 하지만 학업 흥미도는 수학을 좋아하는 학생이 불과 8%, 과학을 좋아하는 학생은 11% 등 최하위를 기록하였다. 이는 한국의 학생들이 공부하는 과정에서 흥미와 재미를 느끼기보다는 억지로 공부를 하고 있으며, 강제 학습을 하면 할수록 결국 학습과 공부에 흥미를 잃어가고 있음을 보여주는 것이다.

성적 경쟁에 의한 과도한 스트레스와 세계 최장의 강제 학습 노동으로 인해 청소년들의 죽음 충동과 우울증이 계속 증가하고 있다.

청소년의 자살에 대한 충동 여부 및 이유

단위: %

	있다	소계	경제적 어려움	직장 문제	외로움, 고독	가정 불화	성적, 진학문제	기타*
2010**	8.8	100.0	17.0	6.8	12.7	11.8	37.8	13.8
2012	11.2	100.0	20.5	6.7	14.1	13.6	28.0	17.1
13~19세	12.1	100.0	16.7	0.4	12.5	16.9	39.2	14.3
20~24세	9.9	100.0	27.6	18.7	17.1	7.3	6.6	22.7

*'이성 문제', '질환·장애', '친구 불화' 포함, **15~24세 대상
자료_통계청 「사회조사」 각 연도

자살 충동을 느끼는 어린이, 청소년 중 40% 가까이는 성적이나 진학 문제 때문에 죽고 싶다는 생각을 갖게 된다. 어쩌면 가정불화도 그 바탕에는 성적 문제가 깔려 있을 가능성이 높다.

한국의 입시 경쟁 교육은 가장 행복해야 할 유년과 청소년 시기를 고통과 절망 그리고 우울과 죽음 충동으로 얼룩진 시기로 만들고 있다. 어린이와 청소년들이 느끼는 고통과 불행을 조금이라도 감축하기 위해 입시 경쟁 교육은 폐지되어야 한다. 다른 모든 이유를 떠나 이것 하나만으로도 더 이상 입시 경쟁 교육을 방치할 수는 없다.

삶을 옥죄는 사교육

과도한 경쟁으로 인한 사회적 낭비와 학부모들의 고통

학교 수는 1만 개인데 학원 수는 16만 개로, 학원 수가 학교 수보다 16배나 많은 나라가 대한민국이다. 정부 발표에 따르면, 2014년 공교육비 규모가 31조인 데 비해 연간 사교육 시장 규모는 33조 원에 육박했다. 사교육비는 정부 입시정책의 성패를 판단하는 척도다. 역대 정부는 사교육비를 잡겠다고 저마다 호언장담했지만 근본적인 입시개혁을 소홀히 하면서 사교육비 감축 계획은 번번이 실패로 귀결되었다.

과도한 사교육비 문제는 학부모들에게 경제적 부담을 주는 것 이상으로 정신적 고통을 안겨준다. 어린 자녀에게 과도한 학습 노동과 입시 교육을 강요해야 하고 자녀들이 입시 경쟁에 실패했을 경우 느끼는 커다란 책임감 때문에 괴로워한다. 많은 젊은 세대들이 과도한 교육비에 대한 경제적 부담과 본인이 몸소 체험한 입시 경쟁 교육의 폐해 때문에 아이 낳기를 거부한다. 결국 이는 삼포세대의 양산과 저출산으로 이어지면서 심각한 사회문제가 되고 있다. 과도한 희생을 요구하는 소모적인 경쟁, 다수를 실패자로 만드는 무모한 경쟁을 그치지 않는 이상 사교육비 감축은 공염불에 불과할 것이다.

교육부와 통계청이 발표한 '2014년 사교육비 조사 결과'에 따르면, 전년 대비 사교육비물가의 상승률은 소비자물가의 2배를 기록했다. 최근 3년 동안 꾸준히 2~3배였다.

2014년 사교육비 조사 결과

	2010년	2011년	2012년	2013년	2014년
소비자물가 상승률	3.0%	4.0%	2.2%	1.3%	1.3%
사교육비물가 상승률	3.1%	3.9%	5.2%	4.2%	2.6%

교육부 제시 사교육비 관련 물가지수로 산출

통계청의 2015년 초·중·고 사교육비 조사 결과에 따르면 2015년 사교육비 총액은 17조 8000억 원이었다. 학생 1인당 월평균 사교육비는 24만 4000원으로 1년으로 환산하면 292만 8000원이었다.

학생 1인당 월평균 사교육비

구분		2011년	2012년	2013년	2014년	2015년
사교육비(만 원, %)		24.0	23.6	23.9	24.2	24.4
	초등학교	24.1	21.9	23.2	23.2	23.1
	중학교	26.2	27.6	26.7	27.0	27.5
	고등학교	21.8	22.4	22.3	23.0	23.6

그리고 사교육비 실제 참여 학생(참여율은 68.8%)의 1인당 사교육비는 35만 5000원으로 전년의 35만 2000원에 비해 0.7% 증가하였다. 이를 1년 기준으로 환산하면 연간 422만 4000원에 해당하고 이는 사교육비 조사 이래 가장 많은 액수이다.

2015년 정부가 발표한 사교육비 17조 8000억 원은 기타 사교육비, 즉 방과후학교와 EBS 교재비, 어학연수비 등을 제외한 액수다. 2015

참여 학생 1인당 월평균 사교육비

구분	2011년	2012년	2013년	2014년	2015년
사교육비(만 원, %)	33.5	34.0	34.7	35.2	35.5
초등학교	28.4	27.1	28.3	28.6	28.6
중학교	36.8	39.1	38.4	39.1	39.7
고등학교	42.2	44.2	45.4	46.4	47.1

년 총액 규모로 방과후학교 비용은 1조 1600억 원, EBS 교재 구입비는 1700억 원, 어학연수비는 5800억 원으로, 정부 발표 사교육비와 합산하면 19조 7000여 억 원으로 20조 원에 육박하는 천문학적 액수이다.

사교육비 양극화도 심상치 않다. 2015년 통계청의 사교육비 결과를 보면, 월평균 가구 소득 700만 원 이상인 가구의 1인당 월평균 사교육비는 42만 원인 반면, 월평균 소득이 100만 원인 가구의 사교육비는 6만 6000원으로 6.5배의 차이를 보인다. 2015년 통계청 자료에 따르면, 월평균 소득 700만 원 이상인 가구의 사교육 참여율은 82.8%이고, 월평균 소득 100만 원 미만 가구의 참여율은 32.1%이다. 사교육비 지출에서도 가구 소득 수준별로 월평균 사교육비와 참여율에서도 커다란 격차가 고착화되는 것으로 나타났다.

2013~2015년 강남구청에서 실시한 사교육비 조사에 따르면, 강남구의 월평균 사교육비 지출은 다른 지역과 비교할 때 3.3배 높은 것으로 나타났다.

가구 소득수준별 학생 1인당 월평균 사교육비 및 참여율

단위: 만 원, %, %p

구분		사교육비		참여율	
		2014년	2015년	2014년	2015년
전체		24.2	24.4	68.6	68.8
	100만 원 미만	6.6	6.6	32.1	32.1
	100~200만 원 미만	10.2	10.2	43.1	43.1
	200~300만 원 미만	15.9	15.9	60.1	59.4
	300~400만 원 미만	21.2	21.2	69.8	70.2
	400~500만 원 미만	27.2	26.6	77.5	76.2
	500~600만 원 미만	31.9	31.1	79.7	78.9
	600~700만 원 미만	36.7	36.1	84.3	82.7
	700만 원 이상	42.8	42.0	83.5	82.8

강남구 자녀 1인당 월평균 사교육비(강남구 사회 조사)

	2013				2015			
	총액	일반 교과/ 논술	예체능 교과	기타	총액	일반 교과/ 논술	예체능 교과	기타
합계	79.2	65.0	10.9	3.2	89.0	72.6	11.7	4.7
초등학교	52.9	37.2	13.8	2.0	57.8	44.2	17.2	2.7
중학교	75.1	65.2	7.3	2.5	88.8	79.4	9.3	2.8
고등학교	108.1	94.1	8.3	5.7	130.5	106.2	6.8	7.8

2013년의 경우 전국적으로는 23만 9000원인 데 비해 강남구는 79만 2000원, 2015년의 경우 전국적으로 24만 4000원인 데 비해 강남구는 89만 원을 지출한 것으로 나타나 격차가 증대하고 있다.

사교육비를 경감하려면, 근본적인 입시개혁을 통해 사교육 수요를 억제해야 하는 것이 정답이지만, 역대 정부의 정책은 오히려 정부 주도로 새로운 유형의 사교육을 만드는 데 기여해왔다. 사교육 부담을 줄이겠다며 '방과후학교'라는 이름으로 학교 안에 학원을 만들고, EBS 방송 과외를 활성화시켜 수십 권의 EBS 교재를 교과서 삼아 구입하게 하고, 선행 학습을 금지하는 법을 만들어놓고 선행 학습의 주범인 학원은 허용해 사교육을 부추기는 웃지 못할 일이 벌어지는 곳이 대한민국이다.

교육 불평등 심화의 주범

교육제도는 사회적 불평등을 보정하는 가장 강력한 사회제도로 기능해야 한다. 하지만 한국의 교육은 과잉 경쟁이 지배하면서, 부모의 경제적 배경을 중심으로 한 교육 불평등이 사회적 불평등으로 이어지고 있다. 부모의 경제력이 사교육비 지출 격차를 벌리는 것에 머무르는 것이 아니라 국제중, 자사고 등 특권 학교를 설립함으로써 교육 양극화를 가져오고 있다. 여기에 현행의 복잡한 입시제도는 특권 학교에 유리하게 작용함으로써 이러한 교육 불평등을 가속화시킨다.

자사고와 특목고는 학생 선발권을 바탕으로 성적이 우수한 학생들을 독점하고 있다. 김상희 의원실에서 입수한 자료를 분석해본 결과 2013년도 서울지역 자사고 신입생 중 중학교 내신 성적이 상위 20% 이내인 학생은 50.7%에 달했다. 대전(43.%)과 전남(37.2%)을 제외한 여타 지역에서도 중학교 내신 성적 50% 이내에 해당하는 학생들은 64.9%에서 98.9%에 달했다.

전국 자사고 입학생들의 중학교 내신 성적 비교(2013학년도)

지역	학생 수	학생 수(명)				비율(%)				
		10% 이내	11~20%	21~50%	51% 이하	10% 이내 (1)	11~20% (2)	(1)+(2)	21~50%	51% 이하
강원	153	134	16	3	0	87.6	10.5	98.1	2.0	0
경북	738	378	214	101	45	51.2	29.0	80.2	13.7	6.1
대구	1215	433	356	324	102	35.6	29.3	64.9	26.7	8.4
광주	300	172	82	48	0	57.3	27.3	84.6	16.0	0
대전	961	169	249	415	128	17.6	25.9	43.5	43.2	13.3
서울	9004	2418	2145	3943	498	26.9	23.8	50.7	43.8	5.5
울산	460	366	89	5	0	79.6	19.3	98.9	1.1	0
인천	228	151	35	42	0	66.2	15.4	81.6	18.4	0
전북	919	509	120	250	40	55.4	13.1	68.5	27.2	4.4
충남	395	271	72	35	17	68.6	18.2	86.8	8.9	4.3
부산	501	323	115	56	7	64.5	23.0	87.5	11.2	1.4
경기	988	917	53	17	1	92.8	5.4	98.2	1.7	0.1
전남	385	105	38	111	131	27.3	9.9	37.2	28.8	34.0

출처_김상희 의원실

또한 자사고의 경우 교육과정 자율권을 바탕으로 국·영·수 중심의 입시 교육과정을 편성하고 있다. 일반고에 비해 국어, 영어, 수학 과목 단위수가 높다. 과학고, 외국어고, 국제고, 특목고의 경우 영어와 수학 관련 전문 교과 단위를 포함하면 일반고의 국어, 영어, 수학 과목 비중을 능가한다.

정진후 의원(정의당)은 2014년 재지정 평가를 받은 전국 25개 자사고의 2010학년도부터 2013학년도까지 4년 교육과정을 분석했다. 2014년 자사고의 전체 수업 시간에서 국·영·수 비율이 평균 53.2%를 차지하는 것으로 나타났다. 이는 교육과정 고시에 규정된 '50% 이상 금지' 권고를 어긴 것이다.

그리고 이들 학교는 이러한 조건에 더하여 특권 학교에 유리한 복잡한 입시제도를 통해 명문대 독점을 공고화하고 있다. 현행 대입제도는 물론 2017년 대입 개편안도 특목고와 자사고 등 특권 학교와 막대한 사교육비를 감당할 수 있는 계층에 유리하다.

구분	수시 모집			정시 모집	
전형 유형	논술 위주 전형	학생부 위주 전형	실기 위주 전형	수능 위주 전형	실기 위주 전형

수시 모집에 논술 위주 전형, 학생부 위주 전형이 있으나 각 전형에서 학생부, 논술, 학교 내외의 스펙을 모두 준비해야 하며 여기에 수능 성적(수능 최저 등급)까지 반영하도록 되어 있다. 그리고 논술과 교내외의 스펙 등을 제대로 갖추려면 막대한 사교육비가 소요된다. 결국 현재의 입시제도는 일반고 학생보다는 특목고와 자사고 학생들에게 유

리하고 논술과 스펙 등을 사교육을 통해 준비할 수 있는 학생들에게 유리하다.

유기홍 의원실이 발표한 자료에 의하면 매년 1000명당 서울대 진학 자 수가 일반고는 3.6명인 데 비해 특목고는 43.5명, 자사고는 31.4명으 로 자사고의 경우 일반고에 비해 8.7배를 기록했다. 일반고에 비해 특 목고와 자사고의 입학생 수가 압도하고 있다.

학교 유형별 서울대 입학생 수(2013~2015 서울대 입학생 수)

단위: 명

	일반고	특목고	자사고	특성화고
학생 수 (2013~2015년 졸업)	1,471,929	64,468	52,893	330,797
서울대 입학생 수	5,328	2,805	1,662	18
매년 1,000명당 입학생 수(3년 평균)	3.6	43.5	31.4	0.1

출처_유기홍 의원실(2015)

그런데 이들 학교는 경제 수준이 중상위 이상이 되어야 입학이 가 능한 귀족학교로 자리매김되어 있다. 정진후 의원의 '고교 유형별 현 황 비교·분석' 정책 보고서에 따르면, 자사고 전체 50개교 가운데 민 족사관고 학생 1명이 부담하는 연간 학비 총액이 2127만 원으로 가장 많았다. 이 액수는 공립 일반고 재학생의 평균 부담액인 277만 원의 약 8배에 해당한다.

이명박 정부의 고교 다양화 정책으로 특목고를 비롯한 영재고, 자 사고 등 특권 학교들이 쏟아지고, 박근혜 정부 들어서도 일반 학교의 위기는 해결되기는커녕 더더욱 암담해지고 있다.

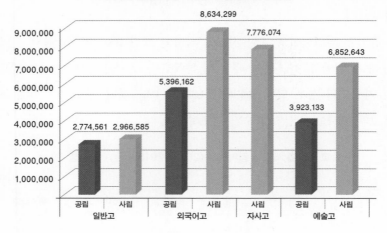

고교 유형별 학생 1인당 연평균 학비 현황

고등학교 현황(2014)

| 시도 | 총계 | 일반고 | 자율고 | | 소계 | 특수목적고 | | | | | | 소계 | 특성화고 |
			사립	공립		과학고	외국어고	국제고	예술고	체육고	마이스터고		
전국	2,326	1,520	49	115	164	26	31	7	28	15	36	143	499
비율	100	65.4	2.1	4.9	7.0	1.1	1.3	0.3	1.2	0.6	1.6	6.1	21.5

2010년 현재 과학고, 외고, 국제고, 자사고의 비율은 4.8%다. 자사고 49개 등 특권 학교는 전체 학교의 5%에 불과함에도 고교평준화 체제를 일거에 파괴하면서 교육을 부익부 빈익빈의 장으로 만들고 있다.

결국 특목고, 자사고는 경제적으로 부유한 계층이 진학하는 학교로 기능하며, 이들 학교는 학생 선발권과 교육과정 운영 자율권과 함께 복잡한 입시제도를 통해 명문대 진학을 독점하고 있다.

제2장

입시혁명안
-자격고사
중심
대입제도

1.
다른 나라
입시제도

독일 아비투어

독일은 초·중등학교 및 대학교의 90% 이상이 국공립이다. 각 주 정부의 교육자치권을 전적으로 보장하고 있어, 우리나라처럼 중앙 행정부의 교육부는 따로 없고, 주 교육부 장관 상설회의가 운영될 뿐이다. 초등에서 대학까지 무상교육과 평준화가 자리 잡혀 있다. 학제는 초등 4년, 중등은 5년에서 9년까지 운영된다. 중등은 실업학교와 김나지움으로 구분되는데, 우리나라의 일반계 고등학교에 해당하는 김나지움은 중등 1단계와 2단계(오버슈투페)로 구분된다

독일의 대학입시는 10개 대학까지 지원할 수 있고, 각 대학별로 6개까지 전공 지원이 가능하다. 대학 학과 정원이 없기 때문에 진학에 큰 어려움이 없다. 일부 입학 정원 제한 학과가 있는데, 지원자가 몰릴 경우, 20%는 독일의 대학입학자격시험인 아비투어 성적으로 선발하고, 20%는 대기 기간을 기준으로 선발하고, 60%는 개별 전형으로 선발한

다. 독일의 대학 진학률은 2010년 기준 45%에서 2012년 기준 51%로 증가 추세에 있다. 대입 전형은 아비투어 점수 산정에 학교 내신 성적(김나지움 2단계 오버슈투페 4학기 성적)을 포함시킨다. 내신과 대입시험을 각각 활용하는 것이 아니라 두 가지를 합산하여 산출한 최종 학점을 대입에 활용한다. 대학 본고사는 따로 없다. 아비투어 만점은 900점이다(학교 내신 600점+아비투어 시험 300점), 아비투어 점수는 1~4학점으로 환산해(1, 1.1, 1.2~3.9, 4.0) 대학에 제출한다. 원점수, 평균, 표준편차 등은 기재하지 않는다. 절대평가이며, 비교과는 내신에 반영하지 않는다. 다만, 개인 집중 탐구 주제 활동인 '특별 탐구 리포트'는 내신 30점을 가산점으로 산정한다.

대학입학자격시험 '아비투어'는 주 정부에서 운영한다. 2005년부터 주 교육부 장관 상설회의의 결정으로 '중앙 아비투어'가 실시되었다(현재 6개주가 독일어, 영어, 수학 과목에 한해 주 정부 차원의 중앙 아비투어 실시). 2017년부터 모든 주에서 실시할 계획이다. 주 정부에서 아비투어를 실시하지 않는 주는 각 단위 학교별 아비투어를 실시한다. 단위 학교에서 실시할 경우, 주 정부의 아비투어 규정을 준수하고, 시험 문제에 대해 주 교육부의 사전 승인을 거친다. 복수 출제가 원칙이다. 독일에서 국가 단위로 대입 정책을 통일하고 상대적 서열을 매기는 방식에 대한 국민적 저항은 여전하다. 각 단위 고교 교육 자체와 교사들의 권위를 인정하고 신뢰하는 문화가 보편적으로 자리 잡혀 있다. 아비투어 응시 자격 기준은 김나지움 2단계에 해당하는 오버슈투페 4학기 점수 200점 이상이며, 대학 입학 자격 부여는 아비투어 시험을 최소 100점 이상 획득해야 가능하다. 결국 대학 입학 성취 기준을 아비투어 900점 만점의 3분의 1로 잡고 있다.

아비투어 과목은 4과목이며, 지필논술시험과 구술시험으로 이루어진다. 응시자는 독어, 외국어, 수학 중 반드시 두 과목을 포함해야 하며, 나머지 2과목은 적성과 진로를 고려해 본인이 이수한 과목 중 한 과목을 선택하고, 나머지 한 과목은 구술시험으로 치른다. 중앙 아비투어 출제 및 채점은 학교 교사가 하고, 채점 시 다른 교사가 한 차례 더 점검한다. 외부 기관에 채점을 맡기는 일은 없다.

프랑스 바칼로레아

프랑스의 학제는 초등 5년, 중학교 4년, 고등학교 3년이다. 대학은 다양화, 평준화되어 있다. 프랑스 대학은 크게 일반대학과 선발권이 있는 대학(기술대학, 그랑제콜 등)으로 구분한다. 입학 조건을 기준으로 대학을 크게 3범주로 나눈다. 1범주는 입학 선발 과정이 없는 85개의 일반대학과 서류 전형을 통해 학생을 선발하는 그랑제콜 준비학교, 2범주는 기술대학, 전문학교(에콜), 3범주는 그랑제콜로 대학 본고사(3과목 정도의 필기시험과 구술시험으로 구성) 등 경쟁 시험을 거쳐 상위 20%의 학생들을 선발한다. 일반대학은 별도 선발 과정이 없다. 대체로 거주지를 기준으로 학생 입학을 허용하며, 일부 선호 학과의 경우 교사 의견을 참고한다. 프랑스는 '입학은 쉽게, 진급과 졸업은 엄격하게'라는 기조를 유지하고 있다. 대학 입학보다 학년 진급과 졸업 과정에서 엄격한 학생 선별이 이루어진다. 일반계 고등학교 정체성은 대학 준비, 즉 바칼로레아 대비 수업을 중심으로 형성된다.

일반 국공립대학 입학에는 고등학교 내신을 반영하지 않는다. 학생 선발권이 있는 그랑제콜 등 대학 본고사를 실시하는 대학의 경우 고등학교 최종 2년 내신 성적을 토대로 지원자들을 선별한 후 필기, 구술시험 등을 실시한다. 바칼로레아는 고등학교 졸업시험이자 대학입학 자격시험의 성격을 띤다. 바칼로레아는 크게 세 가지(일반 바칼로레아, 기술 바칼로레아, 직업 바칼로레아)로 구분된다. 그 안에 다시 세부 전공별로 문과계, 상경계, 과학계, 호텔 요식, 예체능계, 산업기술 등 11개로 세분화된다. 합격률은 88%다. 프랑스의 대학 진학률은 2012년 기준으로 41%다. 부모의 사회적 배경이 바칼로레아의 종류와 합격률에 영향을 미치고 있다. 그랑제콜 준비학교 등록 학생 중 중·상류층 비율이 55%, 중·하층 자녀의 비율이 9%다.

바칼로레아 주관은 교육부와 30개의 아카데미(지방교육행정조직)가 함께 하며, 채점은 아카데미 단위로 현직 교사가 한다. 20점 만점에 10점 이상이면 합격이다(16점 이상은 매우 우수, 10점 이상 합격, 8~10점은 재시험 기회 제공, 재시험은 2개 과목 선택하여 구술시험). 바칼로레아는 전기고사(고2), 본고사(고3) 두 차례에 걸쳐 시행된다. 전기는 전공별로 3과목, 본고사는 계열별로 다른데 7과목 전후(철학 공통, 체육은 학교별 수행평가)로 실시된다. 논술형을 기본으로 하되, 어학의 경우 지필과 말하기로 구성되고, 과학 등 일부 과목은 실기시험으로 시행한다. 논술시험은 두 부분으로 나뉘는데, 1부는 주제들 중 택일하는 작문이고 2부는 글 분석형으로 진행된다.

바칼로레아에 합격한 학생들의 진로를 보면, 14.1%는 그랑제콜 준비학교 포함 그랑제콜로 진학하고, 53.9%는 일반대학으로 진학한다. 21.8%가 단기 기술대학에 진학한다. 계열별로 최대 12개까지 학과를 지원할 수 있으며, 대체로 5지망 내에서 90%의 학생이 지망 학과에 배치된다. 주로 법, 경제, 회계, 과학, 기술 계열이 인기가 높다. 선호 학과의 경우도 성적을 엄격하게 고려하는 것은 아니다. 대체로 추첨을 시행해 성적 우수 학생이 탈락하기도 한다.

고등학교 2학년 진급 시 바칼로레아 계열을 결정하고, 고2, 3학년은 바칼로레아 시험 준비에 초점을 맞춘다. 고2, 3학년 과정에서 이수한 모든 교과목은 바칼로레아 시험으로 치른다. 출제와 채점은 고등학교 3학년 교사가 담당한다. 그랑제콜 준비학교 선발 시 바칼로레아와 내신을 반영하고 있고, 내신 성적 비중이 크다. 고교 내신 성적은 교과목별로 20점 만점, 절대평가로 진행하고, 학생 성적표에는 과목별 원점수, 과목별 최고·최저 점수, 전 과목 평균, 학급 석차, 과목별 서술식 의견, 종합 의견, 저명한 대학의 경우 점수뿐 아니라 교사 의견을 중요하게 고려한다. 비교과 활동은 내신에 반영하지 않는다. 저명한 대학의 경우 비교과 활동을 일부 반영하기는 하나, 합격 여부를 결정하는 기준으로 활용되지는 않는다.

프랑스와 독일의 입학제도 시사점

첫째, 프랑스 바칼로레아와 독일의 아비투어는 철저한 고교 연계형 논술시험이다. 고등학교가 대입자격시험 위주의 수업을 진행하지만,

우리나라처럼 입시가 고등학교 수업을 왜곡하는 일은 없다. 토론과 논술 중심의 수업으로 긍정적이다.

둘째, 고교 교사가 출제와 채점을 한다. 두 시험이 고교 연계, 고교 졸업자격의 성격이 강해 고등학교 교사가 출제와 채점을 맡는 것은 자연스러운 일이다.

셋째, 변별보다 자격검정을 목적으로 한 시험이다. 대학평준화는 자격시험의 성격으로 운영될 수 있는 바탕이다. 자격검정의 성격이 강해 평가의 변별력에 집착할 필요가 없다. 평가의 공정성을 위해 2차로 다른 교사가 한 번 더 채점 확인을 하는 정도이며, 독일의 경우 단위 학교 아비투어를 인정하고 있어 교사의 평가권이 확고하다.

넷째, 독일은 내신이 비중 있게 (2/3) 대입에 반영되는 반면, 프랑스는 내신을 반영하지 않는다. 대신 독일은 대입자격시험 과목 수를 4~5개(기본 4개)로 축소 운영하고 있고, 프랑스는 2번의 대입자격시험을 본다. 바칼로레아 본고사의 경우는 고교에서 이수한 과목으로 계열별로 7개 전후를 보고 있어, 내신을 반영하지 않아도 충분하다.

프랑스와 독일의 사례를 한국 상황에 맞게 적용하면, 대입 전형을 수능과 내신 전형으로 간소화하되, 수능시험은 논술형 자격고사로 전환하고, 고교 교사가 출제와 채점을 담당하고, 국공립대 통합전형을 통해 대학 서열화를 완화한다.

미국 입학사정관제와 SAT

미국 대학 입시제도의 특징은 고교 내신 성적 중심에 표준화 검사 결과를 결합한 입학사정관제를 적용하고 있다. 대학의 성격에 따라 입시제도가 약간 다르다. 아이비리그의 경우, 우리나라 학생부종합전형과 유사하고, 국립대는 내신 위주 전형과 유사하지만 대학별 고사는 실시하지 않는다. 아이비리그 등 일부 대학을 제외하고는 입시 경쟁이 치열하지 않다. 26%의 대학이 지원자 모두를 수용하고 있고, 지원자의 75% 이상을 합격시킨 대학이 26%, 지원자의 50~75%를 합격시킨 대학이 34%다. 경쟁률 2:1 이하의 대학이 86%다.

국가 표준화 시험인 SAT와 ACT는 공신력을 갖춘 제3의 교육평가 기관이 점수를 제공하고 있어 대학별 고사를 치르지는 않는다. 국가 표준화 시험은 여러 번 응시 가능하고, 추가 학업 부담 없이 치를 수 있어, 사교육 욕구가 약화되어 있다.

▶SAT와 ACT

- SAT Ⅰ 또는 SAT 추론시험: 학생의 지식과 활용 능력을 평가(독해, 작문, 수학).
- SAT Ⅱ 또는 SAT 개별 과목 전공 시험(Subject Test): 특정 과목의 성취와 관심 평가(문학, 미국사, 세계사, 수학 1·2, 생물학, 화학, 물리학, 외국어).
- ACT(American College Test 대학 준비 정도를 평가하는 비영리 평가기관): 2014년 고교 졸업생의 57% 응시, 고교 교육과정에서 습득한 지식과 능력 평가 중점 시험으로 영어, 수학, 독해, 과학, 작문.

▶대학별 전형 요소

1. 제1대학(아이비리그) 입시제도(하버드대의 경우)

① 제출 서류
• 지원서 및 자기소개서
• SAT(Scholastic Assessment Test) I 또는 작문 포함 ACT(American College Test) 성적
• SAT Subject Test(두 가지), 경우에 따라 점수 제출 안 할 수도 있음
• 학교 보고서 및 고교 성적증명서
• 교사 추천서 2개
• Mid-year School Report 와 Final School Report
• 기타 보충 서류: 학생 재능이나 성취 관련

② 반영 방법
• 구체적인 평가 비중 설명하지 않음
• 중요도 순: 학교 성적-개인적 특성-이수 교과목의 일관성-표준화 시험 성적-추천서-인터뷰

2. 제2대학(국립대)의 일반적 입시제도

① 제출 서류
• 교과 성적(10학년과 11학년), 필수 과목 지정(최소 15개: 영어, 수학, 과학, 역사/사회, 외국어, 예술, 선택 과목)
• 국가 표준화 시험 성적: SAT I 성적 또는 작문 포함 ACT 성적

② 반영 방법
- 고교 재학 기간 모든 학업 성적(과정의 수, 난이도, 성적 추이 등)
- 개인적 특성
- 국가 표준화 시험(SAT 성적)
- 강화된 학업 프로그램의 성취
- 기타 보충 서류

영국 A-Level 시험

영국은 의무교육과 대학입시 교육을 철저히 분리하고 있다. 영국 학생들은 만 16세까지 의무교육을 마친 후 중등학교 졸업자격시험 GCSE(General Certificate of Secondary Education)를 보게 되는데, 이 시험 결과에 따라 대입 준비 2년 과정인 A-Level Sixth Form(12, 13학년) 또는 직업과정 등에서 계속 학업을 할지가 결정된다. 통상적으로 대학에 가기 위해서는 A-Level Sixth Form(12, 13학년) 과정을 거쳐 A-level 시험 결과를 대학에 제출해야 한다.

A-Level Sixth Form(12, 13학년) 기간의 시험은 논술형 필기시험으로 구성되어 있고 2번의 시험을 본다. 1년 차 시험인 AS(Advanced Subsidiary) 레벨은 4~5과목, 2년 차 시험인 A2(A2 examination) 레벨은 3~4과목의 시험을 본다. A-Level 성적은 A⁺, A, B, C, E로 구분된다.

대학은 입학자격 요건으로 필수 2과목, 권장 과목(1~3과목), 유리 과목(1~3과목)을 선정한다. 학과에 따라 과목명과 수는 다르다.

A-Level에서 대학입시를 준비하는 학생은 대학 전공 관련 과목 3~5개를 미리 수강한다. 비교과 영역은 자기소개서나 추천서를 통해 반영한다. 소수 유명 대학의 경우 별도의 입학시험(Admission test)이나 작문(Written work) 또는 면접(Interview)을 실시하기도 한다. 대학은 최대 6개 대학을 지원하게 되어 있어, 특정 대학이 학생을 선발한다는 개념보다는 자격 있는 학생을 다양한 대학에 배치한다는 개념으로 접근하고 있다.

A-Level 응시 자격은 중등학교 졸업자격시험 GCSE에서 5과목 이상 C 이상의 성적을 받은 학생이거나 GCSE에 준하는 과정을 통과해야 한다(중등학교 졸업자격시험 GCSE는 영어, 수학, 과학을 포함한 5개 이상 10개 이하의 과목으로 A⁺, A, B, C, D, E, F, G의 8단계 평가). A-Level 시험은 신뢰도, 공정성, 객관성 유지를 위해 제3의 평가 기관에서 주관한다. 최근에는 A-Level보다 국제 바칼로레아(International Baccalaureate, IB)를 더 선호하는 추세이다.

미국과 영국의 입시제도 시사점

첫째, 영국은 의무교육과 입시 교육을 철저히 분리하고 있다. 이는 공교육을 보호하기 위한 조치다. GCSE가 절대평가, A-Level이 논술형 평가 시험이며 신뢰성, 공정성, 객관성을 확보하기 위해 약 30만여 명의 전문 평가 인력을 확보, 관리하고 있다. 이는 오랜 전통과 역사를 기반으로 하는 것이다. 영국의 경우 A-Level 과정과 시험은 민간 기관이 주도한다. 우리나라의 경우 근본적인 대학 서열화 해소 대책 없이 곧바로 적용할 경우, A-Level 과정은 사실상 입시 학원과 다를 바 없이 진행될 것이다.

둘째, 미국은 아이비리그 대학을 제외하고 대학이 서열화되어 있지 않다. 입시도 치열하지 않다. 내신을 반영하더라도, 고교에서 대학입시를 위해 별도의 교육과정을 준비하지 않는다. 대학입시에 관계되는 학교 밖 시험이 있으나(SAT, ACT, 표준화 시험 등), 이것들이 공교육을 황폐화시키지 않는다. 고교 성적을 반영하지만, 대학입시는 개인이 준비해야 할 일로 본다. 현재, 우리나라의 학생부종합전형(구, 입학사정관제)은 대학입학의 유리한 고지를 점령하기 위해 고등학교 간 과열 경쟁으로 내몰고 있다. 이를 해결하기 위한 필수 전제는 대학 서열화의 해소이다.

2.
대입자격고사
도입

공동선발-공동학위 중심의 대학통합네트워크

어떤 사회의 대학입시 경쟁의 강도는 사회적 불평등의 정도와 간접적으로, 대학 서열화의 정도와는 직접적으로 비례한다. 대학 서열 체제가 강고할수록 입시 경쟁도 치열해지는 것이 일반적인 경향이다. 입시 경쟁의 원인의 뿌리는 입학시험제도가 아니라 서열화된 학교 체제이다. 그동안 입시 경쟁을 완화하기 위해 수많은 시험제도의 개선이 시도되었지만, 대학 서열 체제 혁파를 위한 노력이 수반되지 않았기 때문에 대부분 성과를 거두지 못하였다.

대학 서열 체제는 입구 쪽에서는 초중등교육에서의 입시 경쟁과 학교 서열화를 부추기고, 출구 쪽에서는 학벌사회를 만들어 사회 불평등을 심화시킨다. 특정 학벌 출신들이 사회 경제적 권력을 독점할 수 있는 기반을 제공하는 것이다.

한국의 대학은 세계에서 가장 강력하고 극단적인 서열 체제를 형성하고 있으며, 대학 서열에 의한 학벌이 그 어느 나라보다도 막강한 힘을 발휘해왔다. 학벌의 위력을 직접적으로 경험한 사람들은 자신의 자녀들이 상위 학벌을 취득하기를 강렬하게 열망할 수밖에 없다. 이런 상황에서, 대학 서열 체제 혁파 없이는 상위 학벌 취득에 대한 과잉 열망을 해소할 수 없고, 결국 극단적인 입시 경쟁의 문제도 해결할 수 없다.

한국 사회는 대학 서열 체제와 학벌의 위력에 오랫동안 중독되어 왔다. 이런 중독성을 제거하려면 반대 방향의 강력한 해독제가 필요하다. 대학 간 공동선발제도는 물론 공동학점 이수, 공동학위 수여 등 고강도의 평준화 정책이 당분간 필요하다. 이런 과정을 통해 대학 서열과 학벌의 독성이 제거되면 학생 선발과 학위 수여 과정에서 훨씬 더 큰 유연성이 발휘될 수 있을 것이다.

대학 서열 체제 해체는 과잉 입시 경쟁의 문제 해결뿐만 아니라, 고등교육의 공공성 강화와 부당한 사회적 차별의 폐지에도 커다란 의의가 있다. 현재 한국의 대학들은 강제적 구조조정, 상업화와 영리화, 대학 간 협력의 부재와 과당 경쟁 등으로 민주주의와 공공성 약화, 교육과 연구 기능 저하, 학부모와 학생의 부담 상승, 교직원의 해고 위험 증가, 비정규 교수와 직원의 양산 등 최악의 상황을 겪고 있다. 대학통합네트워크 건설은 이런 고질적인 대학의 문제 해결을 동반할 수 있다. 또한 대학통합네트워크에 의한 평준화는 학벌의 위력을 약화시키면서 학벌에 의한 사회적 차별과 비합리적인 패거리 문화를 해결하는 데 도움이 될 것이다(대학 체제 개편에 대한 구체적인 내용은 다음 장 참조).

절대평가 중심 대학입학자격고사

　대학 서열 체제의 해체와 발맞추어 대학입학시험은 자격고사로 전환해야 한다. 일정한 기준을 통과한 모든 학생들에게 대학입학자격을 부여한다. 당연히 자격시험은 상대적 서열을 측정하는 상대평가가 아니라 고등학교 교육과정을 제대로 이수했는지 여부를 측정하는 절대평가로 전환해야 한다.

　그런데 절대평가 중심의 자격시험으로 전환할 수 있는 유리한 조건이 형성되고 있다. 2018년부터 대입 정원이 고교 졸업생 수를 초과하는 역전 현상이 발생하고 2020년 이후에는 초과 정원이 증가하여 고교 졸업자가 대학에 완전 진학을 할 수 있는 물적 조건이 갖추어진다. 이는 대학입학시험이 학생들을 선별하고 배제하는 기능보다는 학생들

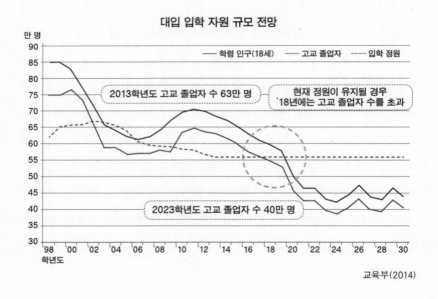

교육부(2014)

의 최소한의 자격 기준을 검증하는 성격을 지녀야 한다는 것을 의미한다.

자격시험과 절대평가제는 오로지 상대적인 순위를 올리기 위한 소모적인 경쟁 대신에 학생들의 능력과 잠재력을 계발하는 교육을 활성화시킬 것이다. 이때는 모든 학생들이 절대적인 성취 기준에 도달하는 데 모든 역량을 집중하게 될 것이다.

이제 학생들은 다른 학생들과 순위 경쟁을 하는 것이 아니라 자기 자신과 경쟁하게 된다. 절대평가에서 동료들은 경쟁 상대가 아니라 협력 상대가 된다. 서로의 성장을 위해 서로 돕는 새로운 관계가 형성될 수 있으며, 누군가는 승자가 되고 누군가는 패자가 될 수밖에 없는 제로섬 게임의 악순환에서 벗어나 모두가 승리할 수 있는 새로운 환경이 조성되는 것이다. 학생들은 과잉 경쟁의 부담감에서 벗어나, 훨씬 여유롭게 자기가 원하는 공부에 집중할 수 있다.

▶경쟁이 약화되면 학력이 저하될까?

경쟁이 약화되면 학생들의 학력이 저하되지 않을까 하는 우려가 존재한다. 실제로 어른 세대 대부분이 시험 경쟁이라는 외적 강제에 의해 학습한 경험이 있기 때문에 이런 우려들이 더욱 많을 것 같다. 하지만 더 이상 외적 강제와 경쟁으로는 학생들의 전면적 발달은 물론 학력 신장도 어렵다는 것을 우리의 현실이 웅변하고 있다.

과도한 경쟁은 학습 의욕을 고취하기보다는 대다수의 학생들을 낙오자와 학습 포기자로 만든다. 또한 경쟁에 살아남아서 공부를 열심히 하는 경우에도 학습 흥미도는 지극히 낮다. 국제시험에서 한국 학생의 성적은 높은 편이지만, 학생-학교 간의 학력 격차가 매우 크고, 성적이 좋은 학생들도 학습 흥미도는 지극히 낮다. 강제로 공부한 결과이다.

반면에, 성취도에서 우리와 어깨를 견주는 핀란드의 경우 학생 간 학력 격차가 매우 적으며 학생들의 학업 흥미도가 매우 높다. 핀란드의 경우 강제와 경쟁이 아니라 지원과 협력 중심의 교육을 실천하기 때문이다. 학습 장애나 발달지체가 발생하면 이를 조기에 진단하고, 상담부터 학습 도움까지 입체적인 지원이 이루어진다.

단순히 경쟁을 제거하는 게 중요한 것이 아니라 경쟁을 대체할 협력과 지원 시스템을 강화하는 것이 중요하다. 최근의 혁신학교는 이런 실험에서 눈여겨볼 만한 성과를 거두고 있다. 경쟁과 서열을 통한 학력 강화가 아니라 협력과 지원을 통한 학력 강화라는 새로운 교육 패러다임으로의 전환을 적극적으로 모색할 때이다.

절대평가는 국가 수준의 평가 시험과 학교 수준의 평가 시험 모두에 도입한다. 대입자격의 부여에 있어서 양자의 결합을 어떻게 할 것인지에 대해서는 크게 세 가지 형태가 존재할 수 있다. 프랑스는 국가 수준의 시험인 바칼로레아를 통해서만 대입자격을 부여한다(내신은 그랑제콜에서만 참조한다). 반면에 독일의 자격시험인 아비투어는 국가 단위 시험 성적 1/3과 학교 단위 시험 성적 2/3를 합산하여 자격을 부여한다. 마지막으로 학교 단위 성적만으로 자격을 부여하는 것을 생각해볼 수 있을 것이다.

프랑스의 바칼로레아의 경우 국가 단위 공동 시험이기 때문에 시험의 공정성 확보에 유리하고 학생의 입장에서 하나의 시험만 준비하기 때문에 부담이 줄 가능성이 존재한다. 하지만 한국의 교육 풍토상 학교교육이 완전히 국가 수준 시험 준비로 전락할 위험이 존재한다. 따라서 독일의 아비투어형이 공정성 확보와 학교 내실화 모두에 긍정적인 기여를 할 수 있을 것으로 판단된다. 단지 국가 단위 시험은 기초 과목 중심으로, 학교 단위 시험은 심화 과목 중심으로 분리하여 학생들의 학습 부담을 최소화할 필요가 있다.

논술형 대학입학자격고사

대입제도의 개선은 초중등교육의 정상화를 적극적으로 자극할 수 있어야 한다. 초중등교육 특히 입시제도와 직접 연관이 깊은 중등교육의 정상화가 구체적으로 어떤 방향으로 전개되어야 할지를 결정하기 위해서는 청소년 시기의 발달 과정에 대한 이해와 우리 시대의 특성을 알아야 한다.

우리는 앞에서 전면적 발달을 논의하면서 고등정신기능의 발달과 과학적-총체적 세계 인식을 통한 자율적-능동적 주체 형성에 대하여 이야기했다. 이런 전면적 발달에서 가장 중요한 시기가 청소년기인 중등교육과정이다. 지식에 대한 피상적 접근과 단순 암기, 이를 토대로 한 정답 고르기 문제풀이 교육은 청소년의 고등정신기능 발달과 올바른 세계관과 가치관의 정초에 역행하는 것이다. 새롭게 도입되는 대학입학시험은 고등정신기능의 발달, 세계관과 가치관 정초 그리고 우리 시대의 변화에 조응할 수 있는 교육과정을 개발하고 자극할 수 있어야 한다.

이를 위해 매우 단순하지만 강력한 방법은 대학입학시험을 논·서술형으로 바꾸는 것이다. 객관식 선다형 중심의 대입 시험 방식이 일방 강의식-주입식 교수 방법과 단순 암기와 문제풀이 중심의 학습 방법을 강제하면서 우리 교육을 왜곡하고 질식시키는 주범이었기에, 대입 시험 방식을 바꿈으로써 새로운 교육의 흐름을 만들어낼 수 있다.

논·서술형 문제는 도식화된 지식의 전달과 단순 암기 중심의 교수-학습 방법과는 어울리지 않는다. 반면에 다양한 텍스트에 대한 심층적 독해와 이를 기반으로 하는 글쓰기, 발표 및 토론, 주제 중심 프로젝트 수업 등 다양한 방식의 교육과 수업을 요구한다. 강의식 수업도 얕은 내용들을 폭넓게 가르치기보다는 개념들과 현실의 생생한 관계들, 개념들 간의 복합적인 내적 연관들을 깊게 가르치는 수업의 형태를 띨 것이다. 학생들은 개념과 이론들을 깊게 공부하고, 이를 통해 현실과 다른 텍스트들(문서, 영상, 다양한 예술품 등)을 분석하고, 종합하고, 재구성하는 훈련을 할 것이다. 또한 토론 및 프로젝트 수업 등을 통해 동료들의 다양한 생각과 의견을 접하게 되고 그들과 소통하고 협력하는 기회를 갖게 될 것이다. 이런 과정에서 타인을 이해하는 것뿐만 아니라 자신을 객관화할 수 있는 능력도 키울 것이다. 객관식 선다형 시험을 위한 교수-학습 방법에서는 경험할 수 없는 새로운 차원의 교육을 열어줄 것이다(초등학교에는 다양한 수업 방법이 이미 들어와 있다. 하지만 고등정신기능과 세계관의 형성에 결정적인 시기인 중고등학교에서는 정작 매우 낡고 시대착오적인 수업 방법으로 후퇴한다).

논·서술형 문제는 여러 문제를 출제하여 학생들이 선택해 풀게 함으로써, 과목의 내용 전체를 반드시 알아야 한다는 강박에서 벗어나 깊게 공부할 수 있도록 한다. 특정한 지식에 대한 파악이나 암기 정도를 측정하는 것이 아니라, 해당 교과의 기본 개념에 대한 이해와 이에 기초한 사유 능력을 측정한다. 그리고 논·서술형 문제의 도입은 대학 체제 개편과 같은 전제 없이도 언제든지 가능하다는 점을 유의할 필요가 있다.

▶국가 수준의 논서술형 시험은 정말 가능할까?

논서술형 시험이 좋기는 한데, 현실적으로 가능할까에 대한 의문들이 존재한다.

우선 학교 현장에서 교사들이 상당히 고통스러워할 것이다. 오랜 세월 동안 객관식 선다형 시험에 맞는 강의식 수업에 익숙해져 있기 때문에 새로운 수업 방식을 낯설어하고 어려워할 수 있다. 따라서 논서술형 도입을 위해서는 반드시 두 가지 조건이 필요하다. 우선 교사들에게 광범위한 재연수 기회를 제공해야 하며, 교사들이 상호 교류할 수 있는 학습-연구 공동체와 네트워크 건설을 지원하고 독려해야 한다. 두 번째 과밀학급 해소가 필수적이다. 학급당 학생 수가 많을수록 강의식 수업 이외의 수업을 진행하는 데 굉장한 어려움이 따른다. 학급당 학생 수가 적어야지 다양한 수업 방법을 도입할 수 있다.

학생의 입장에서도 문제가 존재한다. 유럽의 인문계가 선별된 학생 중심이라면, 한국의 인문계 고등학교에는 기초 학력에 미달하는 학생들이 수두룩하다. 객관식 문제도 어려워하는데 논서술형 문제가 가능하겠는가? 논서술형 문제는 바칼로레아의 철학 문제에서 보듯이 매우 어려울 수도 있지만, 얼마든지 난이도를 조정할 수 있다. 새로운 시험의 도입 초기에는 특히 학생들의 수준에 맞는 난이도 조정이 필수적이다. 점차 새로운 수업 방식과 새로운 시험에 익숙해지면 난이도를 조정해나갈 수 있을 것이다.

마지막으로 대학입학시험의 출제와 채점을 (고교) 교사들이 중심이 되어 담당해야 한다는 점이 중요하다. 위에서 이야기한 것처럼 직접 가르치는 사람들이 평가해야 수업과 평가가 조응할 수 있고 적정한 난이도를 조정할 수 있다. 또한 논서술형 채점은 교사들이 해야 가능하다. 많은 인력이 필요하며 일정한 훈련이 필요할 것이다. 현재 대학별 논술고사의 경우 한 학교에 수만 명이 몰려도 채점이 가능한 것을 보면 국가 수준의 시험도 충분히 가능하다. 그리고 실제로 유럽의 대부분의 나라들이 국가 수준의 논서술형 시험을 보고 교사들이 채점한다.

기초 과목 중심 대학입학자격고사

대학입학시험에서 영어와 수학의 비중이 너무 높다. 수학이 논리적 사고와 추상화 능력을 키우는 데 필요한 과목이고 자연과학의 기초를 이루기 때문에 대부분의 국가에서 주요 과목으로 취급하지만, 한국 교육에서 수학의 비중은 너무 높다. 또한 세계화 시대에 영어의 중요성은 충분히 인정하지만 영어의 비중 역시 너무 과도하다.

일종의 도구 과목으로 볼 수 있는 수학과 영어 학습에 에너지를 대부분 소진하여 정작 삶에 직접 필요한 인문-사회-자연-예술 분야에 대한 학습은 매우 소홀해지고 있다. 경제학 전공 등 아주 특별한 경우를 제외하고는 고등학교 문과를 졸업한 사람이 고등수학을 사용할 기회는 평생 동안 거의 없다. 외국인을 직접 접하거나 서양 학문을 전공하는 경우가 아니라면, 고도의 영어 능력이 반드시 필요한 것은 아니다. 문과 계열의 학문을 전공하는 데 수학적 소양보다 철학적 소양이 훨씬 중요할 수 있다. 영어 독해력의 부족보다는 모국어 문해력 부족이 사람들의 지성화를 방해하는 것이 현실이다. 영어나 수학에 대한 지식보다 인문, 사회, 자연, 예술 분야의 기본 소양이 평생 동안 우리의 일상적인 삶에 훨씬 커다란 영향을 미친다. 더 이상, 영어와 수학에 대한 맹목적 중시 현상에 눈감을 수 없다. 교육과정과 입학시험제도를 대대적으로 손질하여 영어와 수학의 비중을 적절하게 조정해야 한다.

최근에 교육부에서 2015 문이과 통합형 교육과정을 추진하면서 수능도 문이과 통합형 수능인 5+1(국, 영, 수, 통합사회, 통합과학+한국사) 형태를 제안하고 있다. 만약 통합형 수능으로 국가 수준의 시험을 진행한다면, 학교 수준의 시험은 심화된 인문, 사회, 자연, 예술 과목 중심으로 구성해야 할 것이다. 고등학교 1~2학년에 기초 과목 중심으로 공부하여 국가 수준 시험을 준비하고 2~3학년에는 인문, 사회, 자연, 예술 중심의 심화 과목을 중심으로 공부하고 학교 수준의 시험으로 성적을 산출하는 방식이다. 이렇게 되면, 영어와 수학에 대한 편식에서 벗어나 학생들의 균형 있는 학습이 가능해질 것이다.

▶ 고등학교에서 문이과 통합교육과정은 타당한가?

이과 계통의 경우 과목 내부의 연계성(위계적 연결성)은 매우 강한 반면, 과목 사이의 전이성은 떨어진다. 예를 들어 수학이나 과학의 경우 기초 단계를 제대로 완수하지 못하면 고급 수학과 고급 과학을 학습하는 것은 불가능하다. 문과 학문의 경우 수학이나 과학처럼 해당 학문의 기초 과정을 반드시 숙달할 필요는 없다. 또한 문과 학문들은 전이성이 매우 강하다. 언어학, 역사학, 철학, 사회학, 심리학, 경제학 등은 긴밀하게 연결되어 있으며, 한 분야의 학습 성과는 다른 분야로 쉽게 전이된다. 따라서 문과의 경우 유관 학문 간에 복수전공이 많으며, 복수전공이 단순히 두 가지를 전공하는 것이 아니라 서로를 긴밀하게 결합시키면서(융복합) 매우 유용한 결과를 산출하는 경우가 많다. 하지만 화학적 식견이 물리학이나 생물학으로 전이되는 강도는 훨씬 약하다. 기계공학과 전자공학은 같은 공학이지만 복수전공이 사실상 불가능하며, 또한 거의 불필요하다.

직업과 연계성도 마찬가지이다. 이과 전공자들의 경우 대학에서 연마한 지식이 직업에 직접 활용된다. 그런데 문과 전공자들이 대부분 진출하는 직장들은 회사의 사무직이나 관리직, 서비스직 그리고 공공기관이나 공무원 등의 일자리다. 이런 직장에서 전공 지식이 직접 활용되는 경우는 극히 드물다. 문과 전공자가 진출하는 직장은 특정한 전공 지식을 필요로 하기보다는 일반적인 문해력, 기획력, 법이나 경영에 대한 상식, 원활한 소통과 대인관계 형성 능력 등이다.

따라서 문과를 전공하는 경우에 고등학교에서 어느 과목을 이수하고 어떤 자격시험 과목을 패스했는가는 크게 중요하지 않다. 문제는 이과 계열 전공자의 경우 고등학교 단계에서 수학이나 기초과학에 대한 폭넓은 학습이 필요할 가능성이 높다는 것이다. 따라서 대학에서 학생들을 공동선발할 경우 이과 계열에 진학을 희망하는 학생의 경우 반드시 일정한 단위수 이상의 수학과 과학 과목 이수를 요구할 수 있을 것이다.

대입제도의 패러다임 전환

　결론적으로 대입제도의 패러다임을 바꾸어야 한다. 고등교육이 대중화되고 초중등교육을 학생의 성장과 발달의 관점에서 재구성하는 시대적 상황에서 대학입시에 대한 관점의 근본적인 전환이 필요하다.
　고등교육도 학생들이 자신의 적성과 관심, 진로에 따라 교육을 받을 수 있는 기회와 장을 제공해야 한다. 그리하여 대입제도는 대학 교육을 이수할 능력을 갖추었는지의 측정에 중심을 두고 고등교육을 받을 수 있는 조건과 의지가 있는 학생이라면 사회적 차원에서 희망하는 학문을 배우고 연구할 수 있도록 해야 한다. 그리하여 대입제도를 대학 선발 중심에서 학생의 전면적 발달과 진학 중심으로 재설계해야 한다.

대입제도의 패러다임 비교

	대학 선발 중심		학생의 발달과 진학 중심
대학 정원	대학의 학부 또는 학과 정원을 중심으로 학생을 선발	⇨	학생의 희망과 지원을 중심으로 학부 및 학과의 정원을 탄력적으로 조정
대입 전형	학생의 점수를 서열화하기 위한 다양한 전형 도입		대입 수학 능력 여부를 판별하는 형태로 전형을 단순화
전형 형태	수시, 정시로 구분되고 학생부, 수능, 논술, 면접, 입학사정관제 등 복잡한 전형		대입자격고사를 중심으로 한 단순한 전형
대입시험 과목	대학이 요구하는 과목 중심의 교육과정 운영		고교 교육과정의 정상적인 이수 여부를 측정

이렇게 대입제도의 관점을 전환할 때, 대입제도는 상위권 학생을 선발하기 위한 내신과 수능시험의 치열한 점수 경쟁으로부터 대입 수학 능력 여부를 판단하는 여유 있는 시험으로 바뀌게 되고 대학 입학 전형도 대입자격고사 형태로 단순화될 것이다.

3.
대입자격고사 도입까지 과도기 입시 방안

입시개혁을 위한 유리한 조건들

대학통합네트워크에 기초한 대입자격고사제도 도입은 빠르면 총선과 대선을 통해 정치적·사회적 공방을 겪은 이후 차기 정권에서 실현 가능할 것이다. 차기 정권에서도 정권 초기에는 실현이 어려울 것이며, 대학통합네트워크 구성을 위한 준비과정과 대입제도 변화 예고(교육과정 개편도 동반되어야 한다) 기간 등을 고려하면 정권 후반기에 가서나 실시가 가능할 것이다.

대학통합네트워크와 대학자격고사 도입처럼 근본적인 개혁이 이루어지기 전에라도 대입제도의 부분적 개혁은 계속 추진되어야 한다. 이는 대학입시로 인한 질곡과 고통이 크기 때문에 한시라도 빨리 제도를 개선할 필요가 있기 때문이며, 과도적 개선안이 근본적 개혁안의 연착륙을 유도할 수 있는 기반이 되기 때문이다.

과도적 개선안을 현실화시킬 수 있는 조건도 유리한 편이다. 이미 정부 스스로 한국사와 영어의 절대평가 도입을 결정하였다. 비록 9등급제 도입으로 절대평가의 긍정적 의미를 크게 훼손시키고는 있지만, 세밀한 순위 산출을 위한 상대평가 중심의 고부담 시험과 이로 인한 과잉 경쟁을 더 이상 방치할 수 없다는 것을 정부 스스로 인정한 것이다. 한국사와 영어에서 절대평가를 도입했다는 것은 다른 과목으로 확산을 위한 통로를 연 것이다.

학생 수의 급격한 감소도 입시제도 개혁에는 유리한 환경을 조성한다. 많은 추가적인 재정이나 학교 증설 없이도 학급당 학생 수 감축이 가능해졌으며, 이에 따라 다양한 수업 방법의 도입이 용이해졌다. 또한 학생 수 감소는 대입 경쟁의 압력을 감소시켜 다양한 입시 개선책의 도입을 쉽게 할 것이다.

우선 가능한 개혁
-논술형 절대평가 수능과 내신제도로 간소화

과도기 방안의 핵심적인 내용을 살펴보면,

첫째, 대입제도에서 절대평가 방식을 전면화한다. 국가 수준의 시험인 수능에서는 절대평가를 전 과목으로 확대하고, 절대평가 등급은 최대 5등급을 넘지 않도록 한다. 수능 절대평가 전환은 곧바로 가능하다. 별도의 교육과정 개편이나 수업 혁신 없이도 단지 성적 산출 방식만 바꾸면 되기 때문이다.

학교 내신의 경우에는 지금 고등학교에서 시행하고 있는 것처럼 상

▶상대평가와 절대평가

상대평가와 절대평가 비표

구분	상대평가	절대평가
점수 산정 방식	• 학생의 성적(등급 등)이 전체 응시 집단에서 차지하는 상대적 순위에 따라 부여	• 상대적 순위에 상관없이, 학생들이 얼마나 성취했는지 평가하여 일정 수준을 달성한 학생에게 해당 등급을 부여
점수 산정 예시	• 학생이 90점을 받은 경우, 다른 학생들의 점수가 어떤지에 따라 등급이 달라지며, 90점보다 높은 점수를 받은 학생이 많으면 1등급을 받지 못함	• 학생이 90점을 받은 경우, 다른 학생들 성적에 관계없이 1등급을 받을 수 있음(1등급-90점 이상/2등급-80점 이상 등으로 설정한 경우)
시험 문항 출제	• 학생을 변별하기 위해 일정 수의 문항은 고난도로 출제하는 것이 불가피	• 학생 변별보다는 성취 수준을 달성했는지를 중점적으로 고려하여 출제
수업 및 학습 형태	• 상대적으로 높은 성적을 받기 위한 무한 경쟁의 학습 발생 • 의사소통 중심의 실질적 영어 능력 향상보다는 문제풀이 중심의 영어 수업 진행	• 상대적 경쟁보다는 실질적 영어 능력 향상을 위한 학습 가능 • 문제풀이 중심의 영어 수업에서 벗어나 의사소통 중심의 수업을 진행할 수 있는 기반 조성

출처: 교육부 보도자료, 2014. 12.

위의 표에서 알 수 있듯이 절대평가의 장점은 학생들 간의 무모한 무한 경쟁을 막고 순위 산출을 위한 수업이나 평가 등을 지양하고, 최대한 많은 학생들이 성취 목표에 접근할 수 있도록 지원하는 수업과 평가를 활성화하는 데 있다. 하지만 교육부는 한국사와 영어의 절대평가를 도입하면서 절대평가의 등급을 9등급제로 세분화하여 자기들이 내세웠던 절대평가의 장점을 스스로 훼손하고 있다. 절대평가 체제에서 등급을 세분화하면 절대평가제 도입 취지가 심각하게 훼손될 수 있으며, 일상적으로 성취 기준을 작성할 때 5단계 범위 안에서 설정하는 것이 현실적이다. 이에 대해서는 교육개발원 등의 연구도 분명히 하고 있다. 5개 등급(수-우-미-양-가, A-B-C-D-F) 또는 4개 등급(우수-보통-기초-기초미달)으로 절대평가를 진행하는 것이 일반적이다. 참고로 외국어 학습 성취를 평가하는 데 적용하기 위한 유럽 공동의 가이드라인은 A-B-C 세 등급으로 우선 구획하고 이를 각각 이분하는 틀로 6개 등급을 채택하고 있다.[3]

대평가 9등급제와 절대평가 5등제를 동시에 실시하여 그 결과를 대학에 제공한다. 대학에 따라 두 가지 내신 성적 중에 어떤 것을 반영할지 자율적으로 결정한다. 내신에서 상대평가 성적을 산출하는 이유는 대학 서열 체제가 지속되는 상황에서 수능과 내신 모두가 느슨한 절대평가가 되었을 경우 발생할 수밖에 없는 혼란을 막기 위해서다. 대학들은 우수 학생들을 세밀하게 변별하여 독점하겠다는 낡은 의식에서 벗어나 선발보다는 교육에 집중해야 한다.

둘째, 절대평가로 전환된 수능시험의 인문-사회 과목에서부터 논서술형 출제를 시작한다. 인문사회 과목이야말로 분절적이고 단편적인 지식을 묻는 객관식 선다형 시험으로부터 가장 먼저 벗어나야 하는 과목이며 논서술형 출제도 상대적으로 용이한 과목이다. 인문사회 과목의 논서술형의 노하우를 축적하여 점차 다른 과목으로 확대해나간

---

3. 강태중, 「수능 영어영역 절대평가 방안 모색」, 수능 영어영역 절대평가 도입방안 공청회(1차) 자료집, 2014.

다. 당연히 이를 위해 반드시 학급당 학생 수를 감축하고 교사 연수를 지원해야 한다.

셋째, 영어와 수학 비중을 축소해야 한다. 그런데 수능을 느슨한 절대평가로 전환하고 내신의 상대평가를 유지하게 되면 이 문제는 일정 정도 해결될 수 있을 것이다. 현재 수능 중심의 정시 전형에서 대부분 대학들의 영어, 수학 반영 비율은 최소 50%에서 70~80%에 이른다. 반면에 학교 내신의 경우 학교의 교육과정에서 국·영·수의 총 비중은 대부분 50% 이하이다. 따라서 내신 평가가 강화되면 결국 대학입시에서 영·수의 비중이 축소되고 균형 있는 학습을 촉진하는 효과가 있다.

넷째, 수능과 내신 이외 일체의 대학별 고사를 폐지한다. 단 학생부종합전형은 정원의 20% 이내에서 허용한다. 대학별 논술고사, 적성검사, 문제풀이 면접시험 등은 폐지한다. 논술 고사의 순기능은 국가 단위 논술 시험으로 이전한다. 학생부종합전형을 인정하는 것은 교육적으로 타당하기 때문보다는 대학의 요구를 일정하게 수용하고 특정 유형(소위 자사고, 특목고 등 입시 명문고)의 고등학교가 존재하는 현실을 인정하기 때문이다. 특목고에서 전공 학과에 특별한 재능이 있거나, 일반고에서도 특정 분야에 뛰어난 재능이 있는 학생들을 위한 제도이다.

▶학생부종합전형-입학사정관제는 꼭 필요한가?

최근 수시에서 순수 내신으로 선발하는 경우가 점점 줄어들고 있다. 특히 중상위권 대학에서는 내신 이외에 비교과 활동(학생부 + 자기소개서 + 추천서)과 면접을 결합한 전형이 계속 확대되고 있다. 그런데 이런 전형에 대한 호불호가 교육 주체들 사이에서 명확하게 갈리고 있다.

찬성의 입장에서는 학생들을 좁은 의미의 학력만으로 선발하는 것이 아니라 다양한 활동 경험과 여러 분야의 능력 그리고 잠재력과 인성까지도 고려하는 선발이라는 의미에서 훨씬 교육적이라 주장한다. 또한 일반고 학생들의 기회를 넓혀줄 수 있는 제도이고 학교교육의 다양한 활동을 촉진할 수 있는 점도 장점이라 주장한다.

반대의 입장은 비교과 면접 전형은 인위적인 스펙 만들기 경쟁 때문에 학생과 학교의 부담을 가중시키고 학교교육 활동을 왜곡한다고 주장한다. 봉사활동이나 자치활동까지도 대입의 수단으로 전락시키며, 인위적 스펙을 만들기 위한 불필요한 활동 때문에 기본적인 교육 활동을 위축시킬 위험이 있다고 우려한다.

또한 비교과 활동은 공정할 수도 없다고 주장하면서 비교과 활동은 학생의 실제적 활동 + 교사의 학생부 기술 능력 + 학교의 스펙 만들기 행사 조직 능력 + 부모의 지원과 사교육 기관의 활용 능력 등이 결합된 결과라고 주장한다.

또한 비교과 면접 전형이 중하위권 대학에서는 일반고 학생의 진학 통로가 될 수 있지만 중상위권 대학에서는 내신 성적이 불리한 자사고·특목고나 특정한 부유한 지역의 학생들을 자의적으로 선발할 수 있는 기회를 대학에 제공하는 것으로 의심한다.

이렇듯 학생부종합전형에 대한 찬반양론이 팽팽한데, 긍정적인 측면보다는 부정적인 측면이 강하다고 판단된다. 학생부종합전형 방식보다는 내신 성적인 교과 성적의 평가 과정에서 지필고사 중심의 평가를 넘어 다양한 활동과 과정을 평가할 수 있도록 내신 평가의 방식을 획기적으로 강화하는 것이 필요하다고 판단된다.

또한 미국과 일본 등 극히 일부 국가를 제외하고 비교과 활동을 직접 대입 전형 자료로 활용하는 나라는 거의 없다. 대학은 학문을 공부하고 연구하는 기관이지 다양한 활동을 전개하는 공간이 아니기 때문이다.

다섯째, 입학 전형을 단순화해야 한다. 수시는 내신(학생부교과전형) 또는 학생부종합전형으로 단일화하고 정시는 수능을 중심으로 하되 절대평가인 관계로 학교 내신 성적을 일정하게 반영할 수 있도록 한다.

이상의 내용을 정리하면 아래와 같다.

과도기 입시 개편안

	기존(교육부)	입시혁명 과도기 (2018~2022)안	비고
수능시험	• 한국사와 영어만 절대평가 도입 • 수능-EBS 70% 연계 • 수능 적정 변별력 확보로 난이도 안정화	• 5등급 이하의 느슨한 절대평가 전 과목으로 확대 • 인문사회 과목을 중심으로 논서술형 평가 도입	• 한국사, 영어에 절대평가가 제한될 교육적 이유가 없음. 절대평가의 취지에 비추어보면 전 과목으로 확대되어야 함. • 수능 서술형 평가 도입
내신	• 9등급 상대평가제 • 성취평가제(5등급 절대평가) 결과 제공 시기는 미정	• 9등급 상대평가 결과와 성취평가제 자료 동시 제공	• 서·논술형 평가 확대 • 성취평가와 상대평가 자료 중 대학이 선택하도록 함
논술	• 대학별 논술 유지	• 대학별 논술 폐지	
학생부 종합전형	• 유지	• 학생부종합전형의 비율을 대학별로 20% 이내로 제한	• 향후 전형 요소에서 배제
대입 전형	• 수시: 학생부, 학생부종합, 논술, 면접 등 4개 이내 전형 요소 사용 • 정시: 수능, 논술 등 2개 이내 전형 요소 사용	• 수시: 내신 또는 학생부종합전형 • 정시: 내신+수능 절대평가 *실기 평가 별도	

각 정당의
최근 대입제도 개편안에
대한 검토

여전히 새누리당과 더불어 민주당의 양당 구조가 강고하게 유지되고 있는 상황에서 양당의 정책 연구원의 대입제도 개편 방안을 검토하는 것은 매우 유의미한 일일 수 있다. 이들 방안이 양당의 공식적인 입장은 아니겠지만 현실적인 정치적 힘을 가지고 있는 세력들이 대입제도에 대해 어떤 고민을 하고 있는지 살펴볼 수 있는 좋은 기회이다.

1. 새누리당-여의도연구원의 대입제도 방안[4]

1) 대입제도 개편의 핵심적 목적

여의도연구원이 제시한 대입제도 개편의 목적은 현재 한국 경제에 필요한 노동력 양성에 초점이 맞추어져 있다. 초기 산업화 시기에는

---

4. 노명순, 「시대 변화에 따른 대입제도 개선 방안」, 여의도연구원, 2015.

모방을 통한 추격이 중요했다면 현재는 창의성을 갖춘 선도자 양성이 중요하다고 강조한다. 또한 세계적인 시대의 흐름이 산업화사회와 지식기반사회를 넘어 창의성의 시대로 이동하고 있기 때문에 이에 적합한 창의성을 지닌 인재 양성에 교육이 복무해야 한다고 주장한다. 그런데 기존의 입시 중심의 교육은 창의적 인재의 양성이라는 새로운 교육의 목적에 부응할 수 없기 때문에 입시제도의 개편이 필요하다.

- 과거형 인재 양성에서 미래형 인재 양성으로 패러다임 전환
- 기존의 교육은 지식 암기, 인지적 능력 중심의 교육, 즉 암기 위주의 반복 학습에 능한 학생을 양성하는 교육
- 지금은 산업화사회와 지식기반사회를 넘어 '창의성 시대'로 이동 중. 즉 지식에서 창의성으로 시대의 패러다임 이동
- 빠른 추격자 양성을 통해 모방을 통한 성장에서 창의성을 갖춘 선도자 양성 필요
- 우리나라는 대입제도가 교육을 지배하는 사회, 기존의 대입제도는 과거형 인재 양성에 적합. 따라서 미래형 인재 양성(창의 인재)에 적합하게 대입제도를 개편하여 교육의 변화를 유도

2) 핵심 내용

여의도연구원은 입시제도 개선의 핵심 방안으로 수능에서의 서술형 문제 도입, 국가 주도의 공동 논술 실시, 영어와 수학 비중의 축소 등을 제시하고 있다. 한편 수능은 상대평가를 지속하고 적정한 수준의 난이도를 유지하여 변별력을 강화하는 한편, 내신은 절대평가로 전면적 전환을 주장한다.

가. 창의성 등 미래 역량 측정 중심의 수능 개편
- 수능-EBS 연계 폐지(교과서의 개념과 원리 중심 출제)
- 수능 적정 난이도 유지(변별을 위해 난이도 강화, 상대평가 유지)
- 창의력, 문제 해결 능력을 측정할 수 있도록 일부 교과에서 제한적 비율의 서술형 출제 고려

나. 공통 논술 도입
- 대학별 논술 폐지, 한국교육과정평가원의 공동 논술 실시
- 공통 교양 논술과 계열별 논술 시험 실시
- 초중고 논술 교육 강화

다. 절대평가로 내신 평가 개선
- 절대평가 성격의 성취평가제 도입
- 성적 부풀리기 방지할 수 있는 대책 마련

라. 학생 맞춤형 대입제도 도입
- 국·영·수 반영 비율 50% 이내로 축소(모집 단위별로 두 과목만 반영)
- 모집 단위별 수능 탐구 과목 중 필수과목 지정
- 고교 교육과정에서 학생 희망과 진로에 따른 교과목 선택 확대(고교-대학 연계 강화)
- 입사에서의 지역 인재 전형 확대
※ 대입제도 개선을 위한 상설 독립 기구 설치/능력 중심 사회 구축(동일 노동 동일 임금 등)

핵심 내용을 표로 정리하면 다음과 같다.

여의도연구원 입시 개편 방안

	기존	여의도연구원	비고
수능시험	•수능 상대평가(일부 절대평가 도입진) •수능-EBS 70% 연계 •쉬운 수능 기조 유지	•수능 상대평가 유지 •수능-EBS 특정 비율 연계 방침 폐지 •변별력 확보를 위한 적정 난이도 유지 •제한적 서술형 문제	•수능을 통한 선발 체제 유지
내신	•내신 9등급 상대평가제(성취평가제 시범 운영)	•성취평가제 정착과 상대평가 9등급제 병행 정책은 단계적 종료	•내실 절대평가 전면화
논술	•대학별 논술	•대학별 논술을 한국 교육과정평가원 공동 논술로 전환 •공통 교양 논술(논술 응시자 전원)+계열별 논술	
학생부 종합전형	•유지	•유지(사회적 배려 대상 집단 일정 비율 선발)	
대입	•국·영·수 중심	•모집 단위별 중요 선수 과목 반영	•국·영·수 반영 비율 축소 •국·영·수 반영 비율 50% 이내 축소 및 모집 단위별 필수과목 설정

3) 평가 및 비판

기존의 입시제도에 대한 문제의식에는 공감할 수 있는 부분이 상당히 존재한다. 지식 암기 위주의 반복 학습의 문제, 객관식 선다형 중심 시험 방식의 문제, 과도한 국·영·수 비중 등의 문제의식은 비교적 정확하다. 하지만 이런 부분적인 정확한 문제의식에도 불구하고 현재 한국의 대입제도 문제를 총체적이고 구조적으로 바라보는 시각이 부족하다. 따라서 부분적인 개선책이 오히려 전체적인 차원에서는 현행의 입시문제를 더욱 악화시키는 역설을 초래하고 있다.

우선 대입제도 개혁의 목적 설정이 지나치게 협소하고 편향적이다. 대입제도의 개혁과 이를 통한 초중등교육 문제의 개혁을 경제적 필요, 특히 새로운 노동력 양성의 필요성 문제로 과도하게 제한하고 있다. 학생의 전면적 발달, 학생과 학부모의 고통 해결, 저출산 등 사회문제 해결, 교육으로 인한 사회적 불평 해소 등에 대해서는 전혀 문제의식을 가지고 있지 않다.

나아가 새로운 노동력 양성 문제의 경우에도 왜 창조성(창의성)만이 유일하게 필요한지에 대한 해명이 없으며, 경제적 필요에서 도출된 창의성을 직접 교육에 도입하면서 창의성에 대한 교육학적 규명이나, 창의성을 위한 교육이 어떻게 가능한지에 대한 고찰이 결여되어 있다.

오히려 위의 방안들은 현 대입제도의 골격을 유지하는 가운데 경쟁과 불평등을 격화시킬 가능성이 높다. 수능 상대평가와 적정 난이도를 유지하여, 수능 변별력을 대입의 가장 중요한 근거로 삼으려 하고 있다. 반면에 내신은 절대평가로 전환하여 사실상 대입 자료로서 내신을 무력화하려 하고 있다. 결국 위 방안은 수능 강화와 내신 무력화로 귀결되어 '특목고, 자사고 우위-일반고 열위'의 체제를 고착화시킬 것이며 교육 불평등을 더욱 확대시킬 것이다.

학생들의 입시 부담도 가중될 위험성이 높다. 논술시험을 국가적 차원에서 관리함으로써 논술이 대학입시에서 사실상 필수화할 것이다. 그런데 기존의 수능시험은 그대로 유지한 채로 공통 논술과 계열 논술이 추가되는 형태가 되어 학생들의 부담은 가중될 것이며, 학교교육도 논술과 수능 어디에 초점을 둘 것인지 혼란스러워하면서 결국 논술 사교육이 창궐할 가능성이 높다.

결국 기존의 객관식 위주의 대입제도와 과도한 국·영·수 비중에 대한 문제 제기는 긍정적이지만, 해결 방안은 엉뚱한 곳으로 흐르고 있음을 볼 수 있다. 그러나 집권당의 연구원에서조차도 현재의 입시제도를 계속 유지할 수 없다는 인식이 확산되고 있음을 알 수 있으며, 특히 문제의식의 부분에서는 상당한 일치점을 발견할 수 있다.

2. 더불어민주당-민주정책연구원의 방안[5]

1) 대입제도 개혁의 필요성

민주정책연구원은 저출산 고령화 사회, 삼포세대의 출현 등 심각한 사회문제 해결을 위해 입시제도의 개혁이 필요하다고 주장한다. 이들 사회문제의 기저에는 대학입시를 중심으로 하는 교육문제가 자리하고 있다고 판단한다. 따라서 대학입시를 둘러싼 과잉 경쟁 해소를 통해 사교육비나 자녀 교육에 대한 학부모의 과도한 스트레스 등을 해결함으로써 한국 사회의 미래를 어둡게 하는 중요한 사회문제를 해결해야 한다고 주장한다.

---

5. 이범, 「대한민국의 미래를 위한 진보 교육 차기 의제를 제안한다」, 교육정책엑스포자료집, 2015.

2) 핵심 방안

대학입시를 둘러싼 과잉 경쟁의 핵심 원인을 대학 서열의 문제로 진단하면서 국공사립대 공동선발 제도를 제안하고 있다. 2020년 이후 고교 졸업생 40만 명 중에 15만 명 정도를 공동으로 선발하고 추첨을 통해 학생들을 배정하는 방안이 제안의 핵심이다. 사립대를 공동선발 체제로 끌어들이기 위해 사회적 대타협을 강조한다. 실제로 전문대를 제외하면 15만 명은 4년제 대학의 70% 이상이 되기 때문에, 대부분의 4년제 대학교들을 공동선발 체제에 포함시키겠다는 의미를 가지고 있다.

한편 고등학교 교육은 학교 유형에 관계없이 선지원-후추첨 제도를 일반화시켜 고등학교 간의 학력 격차를 최소화하겠다는 의지를 보이고 있으며, 대학처럼 보편적 수강신청제를 도입하여 학생의 과목 선택권을 확대할 것을 제안하고 있다.

또한 구체적인 대학입학시험 방식으로 영국의 A-level이 가장 적합하다고 주장한다.

> 가. 사회적 대타협을 통한 국공사립대 공동선발
> - 주요 국립대와 수도권 사립대 등 15만 명 정도를 공동선발(15만/40만 명)
> - 지원자들이 여러 개의 희망 대학과 희망 학과를 신청하면 추첨으로 선발
> - 사회적 대타협을 통한 사회적 합의 도출

나. 수평적 고교선택제와 보편적 수강신청제

- 한국 일반계 고등학교의 위기: 일반계고 과잉 선호, 학력 미달 학생 일반고 대거 진입
- 선지원-추첨 배정 원칙을 모든 고등학교로 확대(자사고와 특목고까지)
- 고등학교 학생 과목 선택권 최대한 보장(가능하면 무학년 학점제)
- 대학 전공별로 필수과목 또는 가산점 부여 과목 지정

다. 고교 교육-대학입시-대학 교육을 합리적으로 연계하는 대학입시 도입(영국의 A-level)

- 객관식 수능시험을 논술형으로 전환(대학별 논술은 폐지)
- 고교 수업과 입시를 통합 영국의 A-level이 가장 적합
  논술형 평가 도입을 넘어 실험이나 탐구 활동 평가 가능
  내신평가에 대한 낮은 신뢰도 극복 가능
  재학 중인 학교에서 평가가 이루어지기 때문에 사교육 감축 효과 큼

이를 정리하면 아래와 같다.

민주정책연구원 입시 개편 방안

	기존	민주정책연구원	비고
대입 선발	• 각 대학 선발	• 국립대와 수도권 사립대 등이 15만 명 정도를 공동선발하여 선지원 후추첨으로 각 대학에 배정	
수능시험	• 수능 절대평가 도입 • 수능-EBS 70% 연계 • 수능 난이도 기조	• '고교 수업과 연계된 논술형 공인 평가'	• 영국의 A레벨 방식 • 6개 등급으로 되어 있으며 AS-level과 A2-level 2년에 걸쳐 시험을 보도록 되어 있음

내신	•내신 9등급 상대평가제	•'고교 수업과 연계된 논술형 공인 평가'	•영국의 A레벨 방식 •6개 등급으로 되어 있으며 AS-level과 A2-level 2년에 걸쳐 시험을 보도록 되어 있음
논술	•대학별 논술		
학생부 종합전형	•유지		

3) 평가 및 비판

교육으로 인한 저출산, 삼포세대 출현 등 주로 사회적 문제를 입시 제도 개혁의 필요로 제시하고 있다. 여의도연구원 방안이 대학입학시험에 대한 기술적 개선만을 제시한 반면 민주정책연구원의 방안은 공동선발제도 도입 등 선발 방식에 대한 획기적 제안을 포함하고 있다.

하지만 국·공·사립대학을 망라한 공동선발제도의 성격이 명확하지 않고, 이를 뒷받침할 대학 체제의 개편이 빠져 있다는 점은 민주정책연구원 개편 방안의 치명적 약점이다.

우선 위 방안에 따르면 학생들이 여러 대학과 학과를 지원하면 추첨으로 선발하는 제도로 보이는데, 대학통합네트워크도 구성하지 않고 공동학위를 부여하지도 않는 상황이라면 특정 대학 특정 학과에 학생들이 집중되는 것은 불을 보듯 뻔하다. 이런 상황에서 학생들의 배치를 추점으로 하는 것은 학부모와 학생의 엄청난 반발과 저항을 불러올 것으로 예상된다. 즉 이 방안은 대학의 서열 체제를 유지하면서 학생 선발만 공동으로 하자는 것이기 때문에, 대학 체제와 선발 체제의 모순과 충돌로 인한 혼란을 야기할 것이다(우리가 제시한 대학네트워크 체제는 두 가지 안전장치가 있다. 우선 공동학점제와 공동학위를 수여하는 등 수평적 대학통합네트워크를 구성하는 것이며, 둘째로는 대학 선발은 크게 계열별로 하고, 대학에서의 교양 이수 성적을 기반으로 학과 또는 학부 선택권을 부여하는 것이다).

또한 공동선발의 기준이 무엇인지도 애매하다. 대학입학시험의 방식으로 영국식 A-level 도입을 주장하고 있는데, 15만 명에게 공동선발에 참여할 수 있는 자격을 부여하기 위해, 구태여 민간기관이 교육과정과 입시과정을 주도하는 A-level을 도입해야 할 이유를 알 수 없다. 우리나라에서 민간기관이 교육과정과 입시과정을 주도하는 것은 쉽게 수용될 수 없으며, 더욱이 15만 명에게 느슨한 대학입학 자격을 부여하기 위해 지금의 체제와 다른 별도의 체제를 도입하는 것은 불필요한 일이다. 그리고 대학들에게 필수과목을 지정하고 가산점을 부여할 수 있는 권한을 준다고 했는데 이 또한 추첨형 선발제도와는 상충하는 것이다.

또한 제 기능을 하지 못하고 입시특권 학교로 전락하고 있는 자사고와 특목고 체제를 그대로 유지하는 것도 문제로 보이며, 기본 교양교육이 중심이어야 할 고등학교 교육 단계에서 대학처럼 무제한적 선택권을 부여하는 것이 교육적으로 타당한지도 면밀히 검토해야 한다.

그러나 민주정책연구원의 공동선발 방안은 입시 경쟁 교육 해소에 많은 관심을 표명하고 대학 서열 체제 해소를 지향한다는 점에서 근본적 개혁의 성격을 띠고 있다. 공동선발제도에 대한 구체적인 설계가 부족하고 전반적 대학 체제 개편 방안을 포함하지 못하고 있지만 입시 경쟁 해소에 대한 교육 주체와 국민들의 요구에 상당히 공명한 방안이라고 할 수 있다.

3. 국민의당 수시 모집 축소 공약

2016년 총선에서 대입제도를 별도로 공약한 정당은 국민의당과 정의당이었다. 정의당은 대학 서열 체제 해소와 고른 기회 전형 확대를 주요 공약으로 제출하였다고 한다면 국민의당은 수시 모집 20% 축소를 공약으로 제시하였고 학생부종합전형의 비중을 대폭 축소하겠다는 입장을 밝혔다.

1) 대입제도 개편의 배경

국민의당은 수시 전형 축소를 공약으로 제시한 배경으로 사교육비 절감과 공교육 정상화를 제시하였다. 현재 대학의 수시 전형 모집 비율은 70%에 달할 정도로 수시 모집이 확산되고 있는데, 수시 전형은 사교육을 조장하고 공교육 파행 및 과도한 입시 경쟁을 유발한다는 것이다.

2) 핵심 내용

수시 전형 모집 인원을 20% 이하로 축소한다는 것이다.

■ 국민의당 총선 공약
입시제도 단순화: 수시 모집 20%로 축소

■ 개선 방안
• 수시 전형 모집 인원 20% 이하로 제한
– 현행 학생부종합전형(입학사정관제) 비중(20.3%) 대폭 축소

- • 진로개척자 전형 추가
- - 전문계 고등학교 진학자가 동일 과정 학과 진학 시 배려하는 제도

- ■ 기대 효과
- • 사교육비 절감 및 공교육 정상화

　이러한 총선 공약은 총선에서 국민의당이 38석을 차지하는 명실상부한 3당이 되자 언론의 관심을 받게 되었다. 그리고 언론이 학생부종합전형 축소를 쟁점화하면서 대입 전형을 둘러싼 공방이 벌어졌다. 학생부종합전형 축소를 둘러싸고 교육시민단체와 진학진로지도교사단체의 입장이 상반되면서 쟁점은 가열되었다.

　학생부종합전형 축소 입장은 '학생부종합전형의 비교과 평가 항목 중 교내 수상 실적, 인증자격시험, 독서활동, 자율 동아리 등이 학부모의 개입과 사교육을 유발한다'[6]는 것이다. 이에 비해 학생부종합전형 지지 입장은 "학생부종합은 교사에게 전형 자료의 평가권을 주어, 공교육 붕괴, 교실 붕괴 현상을 막아내는 전형이며, 학생의 진로를 고민하면서 교육과정과 수업의 변화를 이끌어낼 수 있는 '학생에게 이로운' 전형"이라는 것이다.

3) 평가

　국민의당 총선 공약은 학생부종합전형의 문제점을 공론화했다는 점

---

6. 사교육걱정없는세상, 「보도자료-학생부종합전형 개선안: 가짜 학종 전면 금지, 비교과 평가 축소해야」, 2016. 4. 29.

에서는 의미가 있지만 공교육 정상화와 전국 학교의 균형 발전이라는 관점에서 보면 중요한 결함을 내포하고 있다.

수시 모집의 축소는 결국 정시(수능) 위주의 선발을 확대하겠다는 것인데, 정시 비중의 증대는 학교교육과정의 정상적 운영 대신에 수능 대비 수업으로 중고등학교 교육의 파행을 가져올 가능성이 높다. 현재의 수능시험 체제는 국어, 영어, 수학, 한국사를 필수로 하고 문과의 경우에는 사회탐구 2과목, 이과의 경우에는 과학탐구 2과목을 선택하도록 하고 있다. 이러한 상황에서 정시의 비중을 늘릴 경우 소수의 수능 과목에만 집중하면서 나머지 과목은 정상적으로 수업이 진행되기 어려울 것이다. 이와 같은 교육과정의 편식은 학생들의 종합적인 사고력 신장과 전면적 발달에 해악으로 작용할 것이다. 또한 정시 비중이 높을수록 특목고, 자사고의 상위권 대학 진학률이 높아지면서 이들 학교들이 입시 명문고로 더욱 기세를 올릴 것이다. 결국 정시 비중을 높이는 것은 또 다른 편에서 학교교육의 파행과 고교 서열화를 가속화시키는 역할을 하게 될 것이다.

국민의당 총선 공약은 현행 입시의 문제점을 진단하였으나 제시된 개선 방안은 꼬인 매듭을 푸는 방안으로는 한참이나 부족하다. 첫째, 대입 전형의 부분적 변경만으로 입시제도 문제가 해결될 수 없다. 보다 근본적으로 대학입시를 자격고사화하고 대학 서열 체제를 해소하려는 경로 속에서 방안이 모색되어야 한다. 이러한 전망 속에서 대입 전형의 간소화를 추진할 때 입시 교육의 해소로 접근할 수 있다.

둘째, 단기적으로 볼 때 올바른 방향은 수시 모집 비율의 축소가 아니라 학생부종합전형 비율을 축소하여 수시 모집을 학생부교과로 단순화하는 것이다. 즉 수시의 축소가 아니라 수시의 비중을 유지하되 학생부종합의 비중을 줄이고 학생부교과의 비중을 확대하는 것이어야 한다. 학생부교과전형이 다른 전형에 비해 입시 부담을 경감시킬 수 있을 뿐만 아니라 특목고, 자사고에 비해 일반고 학생들에게 친화적이기 때문에 고교평준화 체제로의 복귀에도 기여할 것이다.

제3장

입시혁명안
-대학평준화
중심
대학 체제

1.
대학 서열 체제의
실상

대학 서열과 대학 배치표

대학 서열 체제는 수능 직후 입시 전문 학원들이 배포하는 대학 배치표에서 고스란히 담겨 있다. 입시 전문 학원들의 대학 배치표는 전년도까지 누적된 수능 점수 커트라인을 바탕으로 작성된다. 배치표는 학생들의 대학과 학과 선택의 기준표가 되고 학교와 학원은 이 표를 준거로 입시를 지도한다. 그리고 이들 배치표에 따른 선택은 다시 누적되어 다음 해 대학입학 정보로 변신한다.

이 과정들이 수십 년간 진행되면서 대학과 학과의 서열은 고착화되어왔다. 그리하여 이른바 세칭 '서연고서성한중경외시'라는 현재의 대학 서열 체제가 만들어졌다. 입학한 학생들의 성적순에 따라 학교와 학과의 서열이 매겨지며 이러한 순위는 사회적 통념으로 자리 잡는다. 대학의 교육과정이 어떻게 편성되고 교육 활동이 어떻게 이루어지는가는 부차적 기준에 불과하다. 그리고 이렇게 만들어진 학교 서열을 기준으로 다음 해에 상위 점수의 학생부터 상위 서열의 대학에 진학한다.

〈사례〉 2016년 ○○학원 정시 예상 배치표

대학	수능 표준 점수	비고
서울대	의예과·경영대 지원 가능 점수를 520점대 후반~530점대 초반, 사회과학 계열은 534~535점	
연세대	경영 534~536점, 정치외교 531~533점, 영어영문 529~530점, 의예 529~531점, 치의예 527~528점	
고려대	경영 533~534점, 정치외교 529~531점, 영어영문 527~528점, 의과대학 525~527점	
서강대	경영 529~530점, 인문계 522~524점	
성균관대	글로벌경영은 530~531점	
*서울지역 의학 계열	경희대 의예 525~526점, 이화여대 의예 524점, 한양대 의예 525~526점, 중앙대 의학부 525~527점	

그리고 상위권 대학들은 이러한 대학 서열을 유지, 고착화하기 위하여 입시 경쟁 체제하에서 성적 상위권 학생들을 선발하는 데 최우선적 관심을 둔다. 치열한 입시 경쟁과 복잡한 입시제도는 성적 상위권 학생들을 뽑기 위한 대학의 요구와 궁합이 딱 들어맞는다. 그리하여 대학 서열 체제와 입시 경쟁 교육은 공동 운명체가 된다. 치열한 입시 경쟁을 매개로 대학의 서열화는 재생산되고 더욱 굳어진다.

대학 서열과 대학 평가

대학 서열은 최근에 와서 대학 평가를 통해 공식화되기도 한다. 영국의 대학평가기관인 THE(Times Higher Education)는 매년 대학 평가 결과를 발표한다. 교육 여건(30%), 연구 실적(30%), 논문 인용도(30%), 국제화 수준(7.5%), 기술 이전도(2.5%)가 기준이다. THE가 발표한 2014~2015년 우리나라 대학 평가 순위는 다음과 같다.

2014~2015년 THE 세계 대학 평가-국내 대학

순위	대학	세계 순위
1	서울대학교	50위
2	카이스트	52위
3	포스텍	66위
4	성균관대학교	148위
5	고려대학교	200~225위
5	연세대학교	200~225위
7	서울시립대학교	~400위
7	이화여자대학교	~400위
7	한양대학교	~400위
	그 외 대학	순위권 밖

국내 언론도 대학 평가를 진행하고 있는데, 대표적인 것이 중앙일보 이다. 중앙일보는 교육 여건(150점), 교수 연구(110), 학생 교육 노력 및 성과(80), 평판도(60) 등을 기준으로 평가를 실시하고 있다. 중앙일보 는 이를 근거로 대학 평가 결과 순위를 발표한다.[7] 2011~2015년 중앙

---

7. http://univ.joongang.co.kr/university/totalRankingReport.asp.2015

일보 대학 평가 순위는 다음과 같다.

중앙일보 대학 평가 순위

순위	2011	2012	2013	2014	2015
1					서울대
2					성균관대
3	서울대	연세대	성균관대	성균관대	한양대
4	연세대	서울대	고려대	고려대	고려대
5	성균관대	성균관대	연세대	서울대	연세대
6	고려대	고려대	서울대	연세대	서강대
7	경희대	서강대	한양대	한양대	이화여대
8	한양대	경희대	서강대	중앙대	중앙대
9	서강대	한양대	중앙대	서강대	한양대
10	중앙대	중앙대	경희대	경희대	서울시립대

*2011~2014의 1, 2위 대학은 KAIST와 POSTECH임.

국내외를 막론하고 대학 평가가 객관성을 띠는 것처럼 보이지만 대학에 순위를 매기는 평가는 결정적인 문제점을 내포하고 있다. 첫 번째는 대학 평가 요소들이 재정 투입과 직간접적으로 연결되어 있다는 점이다. 그렇기 때문에 정부 또는 대기업으로부터 집중 육성을 받는 대학들이 상위 서열로 올라설 수 있게 되었다. 또한 대부분의 지표가 재정을 투여해야만 점수를 올릴 수 있는 분야이므로 대학 평가는 등록금의 인상을 조장한다.

두 번째로 대학 평가에 대학의 공공성 지표보다는 기업의 요구와 관련된 지표들의 비중이 높다는 점이다. 기업의 요구에 순응할수록 대학이 평가에서 높은 점수를 받게 되기 때문에 대학 교육이 자본 편향으로 왜곡될 소지가 늘어난다.

또한 대학 평가의 목적이 대학 교육의 균등한 발전과는 거리가 멀다는 점이다. 대학의 교육 활동에 대한 평가를 하고자 한다면 각 대학의 특징을 분석하고 발전 방안을 제시하거나, 국가적 차원에서 대학에 대한 지원의 근거로 삼을 때 의미가 있다. 그러나 이것과는 정반대로 대학 순위 발표는 각 대학의 발전에 도움을 주기보다는 서열 체제의 공식화로 귀결되고 있을 뿐이다.

더욱이 대학은 대학의 이념과 학풍, 큰 대학과 작은 대학, 연구 중심과 교육 중심 대학, 연구와 교육의 종합대학, 인문계 또는 이공계 선도 대학, 지역의 산업 및 사회문화적 배경에 따라 다양한 여건과 맥락을 가지고 있다. 하지만 대학 평가는 이를 무시하고 연구 업적, 취업률 같은 천편일률적인 평가 기준과 계량적인 수치를 앞세우기 때문에 각 대학은 다양한 발전전략을 세우거나 추구할 수 없다.[8] 결국 대학 평가는 기존의 대학 서열이 반영되면서 재생산된다는 점에서 대학의 균형적 발전과 역전 가능성을 봉쇄하는 역할을 한다.

여기에 국내 대학에 대한 중앙일보 평가의 경우, 기준 자체가 기업의 요구에 어느 정도 복무하는가로 요구에 대한 종속도가 평가에 중요한 영향을 미친다. 구체적으로 살펴보면 학생들의 취업률의 경우 일자리가 많은 수도권 지역의 대학들이 우위를 차지하고 있고 수도권

---

8. 이도흠, 「입시 철폐와 대학평준화의 방안」, 『입시·사교육없는 대학 체제』, 한울, 2015, 188~189쪽.

중심으로 인구가 집중함에 따라 수도권에 위치한 대학들의 서열이 올라가는 상황이 발생한다.

교수 연구의 경우 대학 서열이 고착화되면서 연구 결과물의 차이로 나타난다. 성적 상위 학생들의 상위 대학 진학 경향이 장기화되면서 연구 성과물에 영향을 미치기도 하고, 상위 서열 대학의 연구논문이 통념상 우수한 것으로 인정되어 더 많이 인용되는 것이 현실이다.

또한 대학 평가의 주요 지표인 사회적 평판도의 경우 고교 교사, 대학교수, 대기업 인사 담당자들을 대상으로 조사하고 있는데, 이 또한 기존의 서열 체제하에서 대학을 평가하는 것이기 때문에 서열 체제의 재생산에 기여하는 역할을 한다.

중앙일보 대학 평가 지표

교육 여건	교수 연구	학생 교육 노력 및 성과	평판도
• 교수 확보율 • 강의 규모 • 전임교원 강의 담당 비율 • 등록금 대비 장학금 지급률 • 등록금 대비 교육비 지급률 • 세입 중 납입금 비율 • 세입 대비 기부금 • 기숙사 수용률 • 학생당 도서자료 구입비 • 외부 경력 교원 비율 • 외국인 교수 비율 • 학위 과정 등록 외국인 학생 비율 • 외국인 학생의 다양성 • 교환 학생 비율	• 계열 평균 교수당 교외 연구비 • 계열 평균 교수당 자체 연구비 • 국제학술지 논문 당 피인용 • IF를 고려한 국제 학술지 논문 • 인문사회 저역서 발간 • 인문사회 저역서 피인용 • 인문사회 국내 논문 게재 • 인문사회 국내 논문 피인용 • 과학기술 교수당 기술 이전 수입액 • 기술 이전 건당 수입액 • 과학기술 교수당 산학협력 수익	• 순수취업률 • 유지취업률 • 중도포기율 • 졸업생 창업 활동 • 창업교육 비율 • 현장실습 참여 학생 비율 • 캡스톤 디자인 수업 참여 비율 • 온라인 강의 공개	• 신입사원으로 뽑고 싶은 대학 • 업무에 필요한 교양/전공 교육이 충실한 대학 • 특성화가 우수하거나 특성화 노력이 활발한 대학 • 학생 교육이 우수한 대학 • 입학 추천하고 싶은 대학 • 기부하고 싶은 대학 • 향후 발전 가능성이 있다고 판단되는 대학 • 국가, 사회 전반에 기여가 큰 대학 • 지역사회에 기여가 큰 대학

그런데 이러한 지표는 교육부가 대학 구조조정의 기준으로 삼는 대학 평가에서도 반복되고 있다.

학사관리 영역을 빼면 나머지 항목들은 중앙일보 대학 평가 기준과 일치한다. 교육 여건, 학생 지원, 교육 성과의 항목은 언론사의 대학 평가 항목과 동일하다.

일반대학: 1단계 지표

항목(60)	평가 지표
교육 여건(18)	전임교원 확보율(8) (국사립 구분)
	교사 확보율(5)
	교육비 환원율(5) (국사립 구분)
학사관리(12)	수업 관리(8)
	학생 평가(4)
학생 지원(15)	학생 학습 역량 지원(5)
	진로 및 심리 상담 지원(3)
	장학금 지원(5)
	취·창업 지원(2)
교육 성과(15)	학생 충원율(8) (수도권/지방 구분)
	졸업생 취업률(5) (권역 구분)
	교육 수요자 만족도 관리(2)

결국 교육부의 대학 평가는 언론사 등을 통해 비공식적으로 진행되던 대학 서열화를 대학 등급화로 공식화한 것이다. 더욱이 교육부가 대학 평가의 결과를 대학 구조조정의 근거로 삼으면서 대학들은 사활

을 건 서열 경쟁에 빠져들게 되고 대학 줄 세우기는 고착화된다.

그런데 이들 대학 평가에서 주목할 만한 사실은 대학이 균형 발전을 이룰 수 있는 물질적 토대가 확인되고 있다는 점이다. 중앙일보 대학 평가를 보면 종합 순위에서 지방 국립대는 부산대(12위), 경북대(15위), 전북대(16위), 충남대(18위), 전남대(20위)로 10위권 밖에 포진되어 있다. 교수 연구와 학생들의 취업률 등의 요소에서 수도권 지역의 대학에 많이 밀리고 있기 때문이다.

그러나 교육 여건을 나타내는 지표만 보면 지방 국립대의 지위는 상당히 높다. 전북대(4위), 제주대(4위), 한국해양대(8위), 전남대(10위), 경북대(16위), 경상대(16위), 충북대(18위), 충남대(20위) 등으로 서울지역의 서강대, 경희대 등보다 순위가 높은 것으로 나와 있다. 즉 교육 여에서는 지방 국립대가 수도권 학교에 결코 떨어지지 않으며 오히려 앞서고 있다는 것이다. 이는 향후 대학 서열 체제 해소의 물적 기반이될 것이다.

대학 서열의 유형과 변화

대학 서열 체제는 몇 가지 유형으로 변화되어왔다.

첫째, 한 대학의 상위에서 하위 학과까지 모든 학과가 채워지고 난 뒤에 다음 순위 대학의 학과가 채워지고, 이것이 마무리된 후 다음 순위 대학의 학과들이 채워지는 유형이다. 대학의 전공과 상관없이 상위 대학에 학생들이 먼저 채워지고 난 후에 그다음 점수의 학생들이

후순위 대학에 진학하는 서열 체제(열차형 서열 체제)가 있다. A대학 → B대학 → C대학 → D대학의 형태로 서열 체제가 가장 공고한 유형이다.

둘째, 학과 선호도에 따라 의학 계열, 경영 계열, 법학 계열, 교육 계열 등 각 대학의 인기 학과들이 우선적으로 채워지지만 동일 학과끼리는 대학 서열에 따른 순위가 일관되게 매겨지는 형태이다. 'A대학 a학과-B대학 a학과-C대학 a학과-D대학 a학과', 'A대학 b학과-B대학 b학과-C대학 b학과-D대학 b학과', 'A대학 c학과-B대학 c학과-C대학 c학과-D대학 c학과'(막대그래프형 서열 체제)로 서열화된 유형이다.

셋째, 각 대학마다 특화된 유명한 학과가 있고, 해당 전공 또는 학과별로 대학 서열이 각각 매겨지는 유형이다. 대학의 학풍이나 연구 성과, 사회적 평판이 작용하면서 전공별로 대학 서열이 다르게 매겨지면서 전공을 기준으로 대학 서열이 형성되는 유형이다. 예를 들면 법학부는 A대학, 공학부는 B대학, 의학부는 C대학 등 학과별로 인기도가 높고 이에 근거하여 전공별로 대학의 서열이 형성되는 형태(특화형 서열 체제)이다. 이러한 유형은 대학별로 명망을 가진 학과가 생겨나고 이러한 특성화가 고착화된 경우라고 할 수 있다.

우리나라의 대학 서열 체제는 수십 년 동안 크게 변화된 것 없이 흘러왔다. 특히 서울대를 정점으로 하는 대학 서열 체제가 형성되고, 상위권 대학의 서열에는 변동이 없었다. 그러나 전반적으로 보면 서열 체제의 형태에 두 차례 중요한 변화가 있었다.

첫 번째로 2000년대 이전까지 서울지역의 중상위권 대학과 어깨를 나란히 했던 지방 국립대학들이 2000년대 들어오면서 서울지역 소재 대학들에게 순위에서 현저히 밀려났다. 이는 1997~1998년 경제위기가 장기화되면서 지방의 취업이 장기간 어려워지고 수도권 중심으로 기업 활동이 집중하면서 자연스럽게 수도권 지역의 학교 선호도가 높아졌기 때문이다. 이에 따라 2000년대 중반부터 지방 국립대학의 몰락이 가시화되고 서울지역 소재 대학으로 쏠림 현상이 발생하였다. 이러한 상황이 지속되면서 대학의 서열도 '서울지역 상위권 대학-지방 국립대학-서울 및 수도권 지역 대학'으로 형성되었던 대학 순위가 '서울지역 상위권 대학-서울지역 소재 대학-수도권 지역 대학-지방 국립대-지방 사립대'로 서열의 변동이 발생하였다.

두 번째로, 1980년대까지는 어느 대학을 나왔는지가 취업의 중요 기준이 되면서 상위권 대학의 대부분의 학과가 채워지고 그다음 대학의 학과가 채워지는 상황이었다. 이때는 학과보다는 이른바 대학 간판이 학생들의 선택에 중요하게 작동하던 시기였다. 그러나 한국 경제가 호황기를 마치고 불황기에 접어들면서 안정적인 직업을 보장해주는 학과의 인기도가 높아졌다. 그러면서 정규직 직종으로 진출할 수 있는 학과들과 자격증을 부여하는 학과들의 선호도가 높아졌다. 그리하여 의학 계열 학과의 지위가 더욱 공고화되었고, 교육대학과 사범 계열의 학과, 군사 계열의 사관학교(육, 해, 공)의 커트라인이 올라가는 경향이 생겨났다. 취업이 용이한 학과들의 경우에는 막대그래프형 서열 체제로 개편이 진행되었다. 이러한 인기 학과에 대한 선호도가 높아지면서 학생들의 선택이 학과 중심으로 변화되었지만 여전히 동일 학과끼리는 대학 서열이 강고하게 작동한다. 전반적으로 취업이 용이한 상위 인기 학과에서는 막대그래프형 서열 체제가 나타나고 있지만 그 학과를 제외하게 되면 여전히 열차형 서열 체제가 여전히 강고하게 작동하고 있다.

대학 서열과 학벌사회

상위권 대학을 향한 경쟁은 치열하다. 그러나 이 경쟁은 대다수를 실패로 내몰고 열패감을 느끼게 하는 것으로 종결된다. 그런데 상위권 대학이라고 해서 학생들을 더 잘 교육시킨다는 근거는 지극히 주관적인 주장일 뿐 현재까지 확인되지 않고 있다.

그럼에도 대학 서열이 고착화되는 배경에는 졸업 이후의 학벌사회가 관련되어 있다. 학벌사회는 서열화된 대학 체제에 졸업생들이 새롭게 충원되면서 지속적으로 유지된다. 서열화된 대학은 학벌사회를 낳고 학벌사회는 다시 대학 서열화를 키운다.

학벌사회를 나타내는 몇 가지 지표로 행정부, 사법부의 고위직과 대기업 임원진의 출신 대학이 조사된다. 대학교육연구소의 통계로 본 학벌사회에서 이러한 징후는 분명하게 나타난다.[9] 전체적으로 보면 서울대, 연세대, 고려대 출신들이 법조계 72%, 관료계 49%, 경제계 50.5%를 차지하고 있을 정도이다.

법조계의 경우 2010~2014년 신규 법관 80%가 SKY 출신(서울대 52%)이고 2009~2014년 경력 법관 72%를 SKY 출신(서울대 43%)이 차

---

9. 「통계로 본 학벌사회」, 대교연 현안 보고, 2014. 11. 19.

지하고 있다. 2012~2014년 임용된 검사의 69%가 SKY 출신이고, 로스쿨 출신 검사의 SKY 편중이 사법시험 출신보다 심각한 수준이다.

최근 임용된 법관 출신 대학 현황

(단위: 명, %)

순위	출신 대학	신규 법관(2010~2014년)		경력 법관(2009~2014년)	
		인원	비율	인원	비율
1	서울대	340	51.5	50	43.5
2	고려대	135	20.5	20	17.4
3	연세대	52	7.9	13	11.3
4	성균관대	29	4.4	3	2.6
5	한양대	20	3.0	6	5.2
6	경찰대	19	2.9	0	0.0
7	이화여대	15	2.3	0	0.0
8	경희대	7	1.1	2	1.7
9	부산대	6	0.9	1	0.9
	서강대	6	0.9	2	1.7
10	건국대	4	0.6	2	1.7
	동국대	4	0.6	0	0.0
	전남대	4	0.6	3	2.6
	중앙대	4	0.6	1	0.9

*신규 법관에는 2010년 이후 경력 법관 포함된 수치임.
출처_『법률저널』, "5년간 신규 법관 52% 서울대 출신", 2014. 10. 9.

2012~2014년 검사 임용자의 출신 대학 현황

(단위: 명, %)

순위	대학	로스쿨 출신 검사		사법연수원 출신 검사	합계	
		출신 학부	출신 로스쿨	출신 학부	인원	비율
1	서울대	51	31	75	126	36.2
2	연세대	24	16	35	59	17.0
3	고려대	17	10	37	54	15.5
4	성균관대	4	10	18	22	6.3
5	한양대	0	10	20	20	5.7
6	이화여대	5	4	9	14	4.0
7	경찰대	4		4	8	2.3
8	경북대	1	3	5	6	1.7
8	중앙대	3	5	3	6	1.7
9	경희대	2	4	3	5	1.4
9	전남대	1	1	4	5	1.4
10	아주대	0	1	4	4	1.1

*합계: 출신 학부 기준

출처_『법률저널』, "로스쿨 검사, 사시보다 학벌 편중 더욱 심해져", 2014. 10. 30.

관료계의 경우도 2014년 현재 정부 부처 3급 이상 고위 공무원의 출신 대학을 살펴보면, 전체 1476명 중 서울대가 29.5%(435명), 연세대 10.3%(152명), 고려대 9%(133명)로 이 세 대학이 차지하는 비율이 48.8%(720명)이다.

2014년 고위 공무원 출신 대학 현황

(단위: 명, %)

순위	대학	인원	비율	순위	대학	인원	비율
1	서울대	435	29.5	7	한국외대	65	4.4
2	연세대	152	10.3	8	육군사관학교	41	2.8
3	고려대	133	9.0	9	전남대	32	2.2
4	성균관대	81	5.5	10	건국대	29	2.0
5	방통대	80	5.4	11	기타	353	23.9
6	한양대	75	5.1	총인원		1,476	100.0

*고위 공무원: 정부부처 3급 이상

출처_학벌없는 사회를 위한 광주시민모임, "정부 부처 고위 공무원 절반이 SKY, 박근혜 대통령의 학벌 타파 공약 무색", 2014. 7. 21.

경제계의 경우에도 500대 기업 CEO 586명 중 SKY 출신이 50.5%인 296명으로 집계되었다. 서울대 154명(26.3%), 고려대 88명(15.0%), 연세대 54명(9.2%)이었다.

2014년 현재 500대 기업 CEO 출신 대학 현황

(단위: 명, %)

순위	대학	인원	비율	순위	대학	인원	비율
1	서울대	154	26.3	7	서강대	17	2.9
2	고려대	88	15.0	8	영남대	14	2.4
3	연세대	54	9.2		중앙대	14	2.4
4	한양대	33	5.6	9	부산대	12	2.0
5	성균관대	28	4.8	10	기타	150	25.6
6	한국외대	22	3.8	총인원		586	100.0

*2014년 3월 말 기준

*2013년 연결 매출 기준 국내 500대 기업 CEO 624명 전수 조사(38명 미파악)

출처_뉴시스, "500대 기업 CEO 절반이 SKY 출신… 3명 중 1명은 영남", 2014. 5. 28.

정치계의 경우 20대 국회의원 SKY 출신의 점유율은 48%이고 서울대가 26%를 차지한다. 국회의원은 국민의 선택을 거쳐 당선되기 때문에 학벌 형성의 경로에 차이가 있다. 그렇지만 공천 과정에서 인맥의 힘과 선거에서 사회적 평판 등이 작동하면서 정치계의 경우에도 관료계와 비슷한 점유율을 보이고 있다.

　학벌사회의 해체는 학벌의 모태인 서열화된 대학 체제를 해소할 때 이루어질 수 있다. 고교 서열화 체제가 고교평준화 정책으로 해체되고 40년이 경과하면서 경기, 서울, 용산, 경복, 경동 등 과거의 명문 고교를 중심으로 한 고교 학벌 체제는 해소되고 있다. 당장 명문대 진학을 독점하던 이들 학교가 일반 고교 수준으로 평준화되었고 명문고-명문대-사회 상층부로 이어지는 고리들이 연차적으로 끊어지면서 고교 학벌 체제는 사라졌다. 그러나 고교 학벌 체제는 고교평준화 체제의 와해와 함께 새로운 방식으로 만들어지고 있다. 특수 목적과 고교 자율화를 내세우면서 세워진 외고, 자사고가 고교 체제의 상층부를 차지하면서 신 고교 서열 체제를 형성하고 있다.

20대 국회의원 당선자 출신 대학 분포도

(단위: 명)

대학	새누리당	더불어민주당	국민의당	정의당	무소속	계
서울대	21	29	12	1	4	67
고려대	19	13	1	1	1	35
성균관대	8	11	5	1		25
연세대	9	10	1			20
한양대	2	5				7
중앙대	4	2	1			7
건국대	4	1	1			6
경희대	1	5				6
부산대	2	4				6
전남대	1	3	2			6
영남대	4	1	1			6
이화여대	1	4				5

자료_중앙선거관리위원회,
지역구 당선자 253명 학사 기준

다른 나라의
대학 서열화

다른 나라들은 대학이 서열화되어 있을까? 대학 서열화 양상을 크게 세 가지 유형으로 나누어 볼 수 있다. 한국, 일본, 미국과 같이 대학이 서열화되어 있는 나라, 영국과 프랑스처럼 상위 몇 개 대학을 제외하고는 평준화되어 있는 나라, 독일, 핀란드와 같이 전체 대학이 사실상 평준화되어 있는 나라이다. 나라마다 대학에 대한 선호도가 있지만 우리나라처럼 학벌사회를 형성할 정도로 고착화되지는 않았다. 그리고 학과별 서열 체제가 있으나 이것은 대학의 특성화가 강화된 수준을 벗어나 있지 않다.

일본•도쿄 6대학-국립 7대학

현재 일본의 고등교육기관은 대체로 양적인 측면에서 사립대학이 다수를 차지하지만, 질적 관리 및 교육 지원 체제의 측면에서는 국공립대학이 교육의 중심축을 형성하고 있다. 이런 조건에서 일본의 대학교육은 '도쿄 6대학-국립 7대학'이라고 하는 메이저 캠퍼스 중심의 고

등교육 시스템으로 발전하고 있다.[10] 특히 이 중에서 '국립난관교(國立
難關校)'라고 하는 도쿄 대학, 히토쓰바시 대학, 교토 대학의 3개 대학
과 '와세다-게이오 대학'은 우리나라의 'SKY' 개념과 유사한 대학으로
이들 대학에 진학한 실적을 놓고 고교 간 서열을 조장하는 경향이 나
타나기도 한다.[11]

- 도쿄 6대학
  도쿄 대학, 와세다 대학, 게이오기주쿠 대학, 메이지 대학, 호세이 대
  학, 릿쿄 대학 등 도쿄에 소재한 6대 명문 대학
- 국립 7대학
  도쿄 대학, 교토 대학, 규슈 대학, 홋카이도 대학, 오사카 대학, 도호쿠
  대학, 나고야 대학 등 국립종합대학

미국 • 아이비리그와 주립대학

미국의 명문 대학들은 각 과별로 서열이 바뀌기는 하지만 일반적으
로 아이비리그, 아이비플러스, 퍼블릭아이비, 뉴아이비라는 호칭으로
불리면서 서열화되고 있다.[12]

미국의 경우에도 아이비리그 학교 역시 최고가 최고를 부르는 일류
대 집중화 추세와 일류대의 서열화 추세가 날로 거세지고 있다. 그러
나 대부분의 주립대학들은 높은 교육의 질을 제공하면서 서열화를 차

---

10. 정영수 외, 『해외 대학입학제도 실태조사 연구』, 한국대학 교육협의회, 2007, 163쪽, 92쪽.
11. 정영수외, 93쪽.
12. 박종환, 『미국 대학의 법칙』, 랜덤하우스, 2007, 64~65쪽.

- 아이비리그(Ivy League): 미국 동부의 사립대학
  Harvard, Yale, Princeton, Dartmouth, Brown, Cornel, Columbia, U Penn
- 아이비플러스(Ivy plus)
  Stanford, MIT
- 퍼블릭아이비스(Public Ivies): (순위 50위 이내) 명문 사립대학에 견줄 만한 미국 주립대학
  Univ. of California: Berkeley L.A, San Diego Irvine, Santa Barbara, Davis, Univ. of Michigan: Ann Arbor, Univ. of Virginia, Univ. of Illinois: Urbana-Champaign, Univ. of Washington, College of Williams and Mary, Indiana Univ.: Oxford(OH), Penn State Univ.: University Park
- 뉴아이비스(New Ivies)
  입학 경쟁이 치열해지면서 아이비리그는 아니지만 명문 대학으로 부상하고 있는 25개 대학교

단하고 있으며 등록금도 아이비리그의 독립 사립대학교에 비해 절반 수준으로 고등교육의 공공성이 유지되고 있다.

영국·옥스퍼드, 케임브리지와 정부책임형사립대학

영국의 대학은 옥스퍼드와 케임브리지를 투톱으로 하는 대학 체제가 형성되었으며, 1990년대 이전에는 각 지방대학들이 제각각 지방에서 고등교육의 수요를 담당했다. 특정 대학에 대한 쏠림 현상이 그다지 일어나지 않았고, 전국적으로 평준화의 성격이 강했다.[13] 그러나

1994년 정부연구보조금의 3분의 2를 차지하는 대학들로 러셀 그룹 (Russel group)이 형성되었다.

- 러셀 그룹(Russel group) 대학
  University of Birmingham, University of Bristol University of Cambridge, Cardiff University, University of Edinburgh, University of Glasgow, Imperial college London, King's college London, University of Leeds, University of Liverpool, London coollege University, London school of Economics and Political science, University of Manchester, New castle University, University of Nottingham, Queen's University. Belfast, University of Oxford, University of Sheffield, University of Southampton, University of Warwick

이들 학교가 상위권을 형성하지만 영국의 대학들은 대부분 정부책임형사립대학들로 옥스퍼드, 케임브리지를 제외하고는 서열화가 뚜렷하게 형성되어 있지는 않다.

프랑스·그랑제콜과 대학평준화

프랑스의 경우 고등교육기관은 고등전문학교와 일반대학 그리고 '기술단기대학'과 '상급기술자양성과정'과 같은 직업교육기관이 있다. 프랑스 대학은 크게 엘리트 고등교육기관인 그랑제콜과 바칼로레아 취

---

13. 정영수 외, 52~52쪽.

득자가 진학할 수 있는 일반대학으로 나뉜다.

그랑제콜은 산업혁명에 대응하여 전문직 영역에서의 인재 양성을 목표로 국가가 설립하였다. 이공계 엘리트 양성인 종합기술학교, 국립행정학교, 고등상업학교, 고등사범학교 등이 있다. 그랑제콜에 진학하려면 바칼로레아 학위 소지자가 고등 준비급에서 1~2년 입시 준비 교육을 받은 후 입학 선발시험에 합격해야 한다.

대학은 프랑스 최고, 최대의 고등교육기관으로 바칼로레아 시험에 합격하면 정원제 학과 이외에는 지원하는 대학과 지원하는 전공 학과에 입학이 허가된다.[14]

그랑제콜과 대학 사이에 서열이 있고 진학에서 차이가 있지만 프랑스의 대학들은 대부분 평준화되어 있다.

독일과 북유럽 대학평준화

독일의 대학은 국립대학(96%)과 정부책임형사립대학(4%)으로 구성되어 있으며 사립대학이 없다. 각 대학들에는 서열이 없고 평준화되어 있으며 아비투어를 합격하면 원하는 대학과 학과에 입학할 수 있는 자격이 부여된다. 대학 학비는 무상이다.

세계 대학 평가에서 독일에서 가장 우수하다고 평가받은 대학이 뮌헨 대학이기 때문에 외국인이 보면 뮌헨 대학이 명문 대학이라고 생각할 수도 있다. 그러나 독일은 한국처럼 절대 우위를 입증할 수 있는 명문 대학이 아직은 명확하게 존재하지 않는다. 때문에 정상에 있는

---

14. 이규환, 『선진국의 교육제도』, 188쪽.

한 대학에 전국의 최우수 학생들이 모두 몰리는 현상은 없다.[15]

북유럽 교육 강국인 핀란드의 경우에도 헬싱키 대학에 대한 선호도가 있으나 명문대가 따로 존재하진 않는다.

결국 세계적으로 보면 우리나라, 일본, 미국 등이 대학이 서열화되어 있다. 영국과 프랑스의 경우에는 중세에 절대왕정 시기의 상위권을 형성한 몇몇 대학이 상층부를 차지하고, 이들 대학을 빼면 대부분의 대학들이 평준화되어 있다. 국립대학 비율이 높은 유럽 대부분의 나라들은 대학이 평준화되어 있다. 또한 대학이 서열화되어 있다 하더라도 그것은 우리나라와 달리 견고한 서열 체제가 아니라 학과별 선호도에 따른 특성화형 대학 서열화 양상을 보인다.

우리나라의 경우에는 고등교육기관의 설립부터 대학 서열화가 시작되었기 때문에 이를 불가피한 현상으로 받아들이고 숙명처럼 여기고 있다. 그러나 세계적으로 보면 대학이 서열화되어 있는 나라들은 오히려 소수에 불과하다.

---

15. 박성숙, 『독일교육 두 번째 이야기』, 21세기북스, 2015.

2.
대학 체제 개편의
방향

　현 단계 우리나라의 대학 체제 개편은 두 가지를 만족시키는 것이어야 한다. 첫째, 초중등교육을 입시 경쟁 교육으로 왜곡시키는 대학 서열 체제를 해소하는 것, 둘째 신자유주의 대학 구조조정을 대체하여 공공성에 입각한 대학 체제를 건설하는 것이다.

대학 서열 체제 해소[16]

　미국의 오바마 대통령이 한국 교육의 우수성을 여러 번 예찬한 적이 있다. 사실 외형적으로 보면 우리 교육이 세계 최고라고 해도 과언이 아니다. 예를 들면 2012년 OECD 국제지표에 따르면 우리나

---

16. 임재홍 외, 『초·중등교육 정상화를 위한 대학 체제 개편 방안 연구』, 서울특별시교육연구정보원, 2016, 118~122쪽.

라의 고교 이수율 및 대학 이수율은 세계 최고이다. 또한 국제학력 평가인 PISA(Programme for International Student Assessment)나 TIMSS(Trends in International Mathematics and Science Study)에서도 우리나라 학생들의 읽기, 수학, 과학이라는 인지적 성취 수준은 최상위에 속한다.

하지만 학습에 대한 태도나 흥미도는 최하위이고, 게다가 살인적인 입시 경쟁과 학생들의 고통, 출산을 꺼려 할 정도의 사교육비 부담, 그리고 교육을 통해 부와 권력이 세습되는 교육 불평등 문제 등을 보면 '한국 교육을 배우자'는 말에 허탈한 웃음을 지을 수밖에 없다. 우리나라에서 교육이 행복이 아니라 고통이 된 이유는 초중등교육이 대학 입시제도에 종속되어 있기 때문이다. 초등이든 중등이든 아니면 대학이든 그 나름의 독자적인 존재 이유와 목표가 있음에도 불구하고 우리 교육은 대학입시에 종속되어 있고, 대학 입시제도의 변화에 따라 중등교육, 심지어는 초등교육까지 휘둘려왔다. 또한 초중등 부분에서 여러 개혁이 있었지만 대부분 대학입시에 가로막히면서, 기대와 달리 부작용 양산으로 좌초와 실패를 반복해왔다.

정부 정책 담당자들도 이런 문제를 인식하고 정권이 교체될 때마다 대학 입시제도를 바꾸어왔다. 해방 이후 대학 자율에 맡겨진 대학 입시가 입시 부정, 학생 부담 증가 등의 문제와 연결되자, 국가시험제도를 도입하였다. 객관적이고 엄정한 시험 모색과 학교교육 결산이라는 명분으로 1969년부터 대학 예비고사와 본고사를 보는 체제로 전환하였다. 하지만 이 제도 또한 입시 위주의 교육과 과열 경쟁 문제가 대두되면서 1980년대부터는 학교교육 정상화를 명분으로 학력고사와 내신을 반영하는 제도가 도입되었다. 그래도 여전히 문제가 해결되지 않자 1990년대 중반 이후부터 수능시험을 도입하였고 2000년대에는 입학사정관제를 거쳐 학생부종합 기록을 적용하는 상황까지 이어졌다.

우리나라의 대학 입시제도 개편 과정[17]

- 1기(1945~1961) 대학별로 자율적으로 학생을 선발하던 시기
- 2기(1962~1980) 대학입학자격고사가 도입되었다가 1969년부터 예비고사+본고사 체제로 운영된 시기
- 3기(1981~1993) 학력고사와 내신이 병행된 시기
- 4기(1994~) 수능+내신(학교생활기록부)+대학별 고사(또는 논술)가 병행되는 시기

이처럼 수년에 걸쳐 교육 문제 해결을 위해 대학 자율 선발에서부터, 국가 주도의 시험, 고교 내신 반영 방법, 대학별 고사 등 거의 모든 방법을 적용해보았음에도 입시 교육의 문제는 해소되지 않았다. 지금도 공식적인 교육과정은 입시 교육으로 왜곡되고 있고, 입시 부정은 내신, 수능, 논술, 종합생활부 등 전형 관련 모든 부문에서 수시로 발생하고 있다. 나아가 교육개혁의 명분으로 도입된 여러 유형의 특성화된 학교들도 입시 명문고로 둔갑하면서 학교 서열화를 부추기고 있다. 그 결과 보편적 중등교육의 담당자인 일반고가 하위 서열의 학교로 낙인찍히면서 붕괴의 위기를 맞고 있다. 이러한 상황은 관행적인 입시제도 개선만으로는 입시 중심의 교육을 해결할 수 없다는 것을 분명히 보여준다.

---

17. 교육혁명공동행동연구위원회, 『대한민국 교육혁명』, 살림터, 2012.

물론, 입시제도 개선이 무의미한 것은 아니다. 입시 경쟁 관리 차원에서 중시해야 할 여러 가지 과제가 있다. 예컨대 전형의 객관적이고 공정한 관리, 경쟁에 따른 부담 약화 방안 모색, 시험관리 체제의 효율화, 시험 질 향상 방안 등은 여전히 중요하다. 또한 대입 전형 근거 자료를 내신으로 할 것인가, 수능으로 할 것인가, 아니면 학교 생활기록부로 할 것인가, 그리고 논술 등 대학별 고사는 인정할 것인가 말 것인가 등도 고민할 필요가 있다.

하지만 현재와 같은 서열화된 대학 체제를 그대로 둔 채 입시제도의 부분적 개선만으로는 우리 교육 문제가 해결될 것이라고 기대할 수 없다. 왜냐하면 공교육 황폐화의 근본적인 원인은 입시제도가 아니라 한국 사회에서 공고화된 대학 서열 체제와 학벌 문제에 있기 때문이다. 따라서 그 해결책도 분명하다. 대학 간의 서열화된 구도를 타파하여 좀 더 단순화된 고등교육 제도하에서 대학입시나 선발 방법을 고안했을 때 비로소 중등교육의 정상화가 시작될 수 있을 것이다. 이를 위하여 이제는 보다 큰 틀에서 고등교육 체제 개편에 대한 논의를 진행해야 한다.

대학 체제 개편의 핵심은 서열화된 대학 체제의 개편에 있다. 물론 서열화된 대학 체제를 개편한다고 근본적인 교육 문제가 해소되는 것은 아니다. 입시 경쟁 교육의 원인을 추적하다 보면 최종적으로 사회 문제와 연결되기 때문이다. 교육은 그 자체 논리로만 움직이는 것이 아니라 사회 안에서 작동하면서 영향을 받고 있다. 따라서 교육문제를 해결하기 위해서는 학력 간 임금 격차의 문제, 노동 문제와 저임금 문제, 수도권 집중의 사회적 대책 마련 등 사회 개혁을 동시에 추진해야 한다.

그러나 사회가 변화한다고 해서 자동적으로 대학 서열 체제가 해소되는 것은 아니다. 또한 사회체제의 변화를 차단하고 있는 것이 역으로 학벌과 대학 서열 체제이기도 하다. 따라서 입시제도와 대학 서열 체제의 개편은 사회 개편 이후에 비로소 출발하는 것이 아니라 지금부터 병행 추진되어야 한다.

고등교육의 발전[18]

우리나라 고등교육 역시 초·중등교육만큼이나 문제가 많다. 대학 체제의 개편은 초중등교육 정상화를 위한 것만은 아니다. 대학 교육 발전을 위해서도 필요하다.

공교육 체제하에서 재산에 상관없이 누구나 교육받을 기회를 동등하게 누릴 수 있어야 하고, 그에 소요되는 비용을 부담하는 것이 원칙이다. 실제로 세계 모든 선진국에서 교육은 불평등을 축소시키기 위한 적극적인 역할을 하고 있다. 미국 오바마 대통령이 2015년 전문대학 무상화를 추진하겠다고 발표했는데. 이것도 바로 교육을 통해 불평등을 해소하기 위해서이다.

이런 기준에서 보면 우리나라의 고등교육은 공적 부담이 최하위권으로 학생들의 등록금에 의존하여 운영되고 있다.

예컨대 OECD에 의하면, 2011년 현재 OECD 국가들의 고등교육에

---

18. 임재홍 외, 2016, 193~198쪽.: 임재홍 외, 『공공형 사립교육기관 운영 모델에 관한 연구』, 서울특별시교육청, 2015, 117~128쪽.

대한 공공 지출은 평균 GDP의 1.4%인 데 비해서 한국은 0.8%에 불과하다(OECD, 2014). 우리나라는 OECD 평균에 비해 0.6% 낮은 수준이다. 그런데 1인당 교육비는 더 낮다. 다음의 표에 나와 있듯이 학생 1인당 교육비는 미국의 절반에 못 미친다.

대학생 1인당 교육비

단위: PPP 환율 미국 달러

국가	고등교육비	국가	고등교육비
오스트레일리아	16,267.30	네덜란드	17,549.39
오스트리아	14,894.89	뉴질랜드	10,582.24
캐나다	23,225.83	노르웨이	18,840.16
덴마크	21,253.83	스웨덴	20,818.27
핀란드	18,001.64	스위스	22,881.69
프랑스	15,374.75	영국	14,222.91
독일	16,722.83	미국	26,021.29
일본	16,445.97	한국	9,926.51
아일랜드	16,095.1	OECD 평균	13,957.74

출처_OECD, 2014

고등교육비에 대한 공공 지출이 낮은 것에서 알 수 있듯이 우리나라 대학 교육의 질은 OECD 최하위 수준이다. 2014년 전임 교수 1인당 학생 수는 일반대학 25.2명 전문대학 37.1명, 평균 29.8명이다. OECD 평균은 14명인데 우리나라는 이보다 훨씬 열악하다(OECD, 2014). 우리나라 전임교원을 OECD 평균 수준으로 높이려면 10만 명 정도의 전임

교원을 더 뽑아야 한다.[19] 등록금 인상으로 이 금액을 마련하려면 1인 당 등록금이 약 200만 원 더 올라야 한다.

그렇다고 학생들의 등록금을 올려야 한다고 주장하는 것은 아니다. 이미 우리나라 등록금은 세계 최고 수준이다. 우리나라가 미국 다음 으로 등록금이 비싸다고 알려져 있는데, 실제로는 미국보다 더 비싸다 고 보아야 한다. OECD 국가 중 우리보다 등록금을 비싸게 받는 나라 는 별로 없는데, 그런 나라의 학생들은 대부분 등록금이 저렴한 국공 립대학에 다닌다. 예컨대 미국 학생들의 60%가 공립에 다니는데 우리 나라는 75%의 학생들이 사립대학에 다닌다. 등록금을 더 이상 올리 는 것은 결코 바람직하지 않다. 결국 대학 경쟁력을 OECD 평균 수준 으로 향상시키기 위해서는 등록금 인상이 아니라 국가 지원을 늘려야 한다.

그런데 대학 중 비리로 얼룩진 현재의 사립학교에 막대한 예산을 지원하는 것은 밑 빠진 독에 물 붓기 식이다. 우리나라 사립대학들은 재단 전입금도 제대로 내지 못하면서 학생들의 등록금을 횡령하는 사 학 비리를 저지르고 있다. 사학 비리 전과자가 버젓이 대학에 다시 주 인으로 되돌아와서 교수를 해고하는 등 학내 분규를 일으키고 있다. 1988년부터 2000년까지 우리나라 전체 대학의 10%가 넘는 40개 이상 의 대학에 임시 이사가 파견되었다(정대화, 2015). 그러나 이것은 드러 난 수치일 뿐 실제로 사학 비리의 규모는 엄청날 것이다. 따라서 사립

---

19. 고등교육기관 학생 수 2,624,053을 OECD 평균 14명으로 나누고 현재의 전임교원 88,163명을 빼 면 99,269명이 된다.

대학을 공영형(정부책임형) 사립대학으로 전환하여 비리 가능성을 차단한 뒤에 선진국 수준으로 지원하는 것이 바람직한 방향이다.

또한 대학을 통합해서 규모를 키우고, 네트워크를 형성해서 공동으로 연구하고 교육하는 방법을 찾아야 한다. 우리나라 대학의 학문 생산 능력은 한참 뒤떨어진다. 학문의 재생산 구조를 갖추지 못한 상태이고, 학문적 사대주의가 만연해서 남의 이론 베끼기 상태에서 벗어나지 못하고 있다.

더욱이 앞으로 지식기반 경제가 더욱 발전하게 되면 우리나라 대학들은 지금과 전혀 다른 경쟁 상황에 노출될 수밖에 없다. 예컨대, 미국을 비롯한 선진국에서는 대량 공개 온라인 강좌(MOOC, Massive Open Online Course)가 활성화되면서 세계에서 최고의 강좌들을 무상으로 제공하고 있고, 학점을 부여하는 과정도 이미 등장한 상태이다.[20] 또 특정한 분야를 단기간에 집중적으로 수강해서 기업이 필요로 하는 과정을 이수하는 나노학위(nanodegree) 과정이나 마이크로 대학(micro-college)이 활성화될 예정이다. 또한 인공지능이 발달하고 인터넷 자체가 거대한 글로벌 브레인이 되어감에 따라 대학 교육은 획기적으로 바뀔 것이다.

이런 상황 변화에 대응하기 위해서라도 고등교육의 공공성 확대와 체제 개편이 절실히 필요하다.

---

20. "미국의 스탠퍼드대가 주축이 되어 만든 온라인무료대학(MOOC: Massive Open Online Course) 사이트인 코세라는 2014년 기준으로 100여 개의 대학이 올린 600여 개의 강의가 개설돼 있고, 회원 수가 800만 명을 넘어섰다. 이 사이트에서 코스를 완수하면 학점으로 인정도 해준다."(최윤식, 2014)

공영형사립대로의 전환[21]

OECD 대부분의 나라들은 대부분 국공립대학 중심이고 사립대학이라 하더라도, 소위 정부책임형사립대학 체제이다. 정부책임형사립대학이란 대학 운영 경비의 50% 이상을 정부 등 공적 기관으로부터 지원을 받는 대학을 말한다. 이에 비해 우리나라는 독립 사립대학이 70%가 넘는다. OECD 34개국 중 독립 사립대학 학생 수가 50%를 넘는 나라는 우리나라, 일본, 칠레 세 나라뿐이다. 따라서 고등교육의 발전이나 대학 체제 개편을 위해서는 취약한 재정 상황을 타개해면서 사립대학의 공공성을 확보해야 한다.

우리나라 법률은 사립대학에 대해 국가의 공적 관리와 감독권을 인정하고 있다. 교육기본법은 학교의 공공성을, 사립학교법은 사립학교의 공공성을 규정하고 있다. 또한 학교 역시 학생의 학습권 보장을 위한 기관(헌법 제31조)이다. 이것은 수업권 보장을 위해 학생의 경비 부담을 최소화하고 국가가 책임을 져야 한다는 의미이다.

사립학교의 공공성을 강화시킬 수 있는 방안은 사립대 스스로가 공립학교로 전환하거나 준공립화하면 좋겠지만, 이를 법률로 규율하기 어렵다고 봐야 한다. 따라서 가장 현실적인 방안은 정부가 대학 운영 경비를 지원하고 지원을 받은 만큼 대학 법인이 아닌 대학 구성원과 정부가 임명하는 공익위원이 학교 재정에 대한 심의 의결권을 갖도

---

21. 임재홍 외(2015), 「초·중등교육 정상화를 위한 대학 체제 개편 방안 연구」와 임재홍 외, (2015), 서울시교육청의 내용을 많이 참조하였음.

록 하는 것이다. 물론 강제적인 방식이 아니라 법인이 재정 지원을 신청하면 이에 따라 국가나 공적 기관이 지원하는 방식을 취하는 것이다. 이런 방법으로 공영형사립대학을 만들 경우, 국공립대 통합네트워크와 더불어 대학의 서열을 완화시키는 대학 체제 개편을 더욱더 진전시킬 수 있다.

국가 재정 지원 GDP의 1.4% 확보[22]

문제는 공영형사립대에 지원할 예산을 어떻게 확보할 수 있는가와 또 어떻게 사학 재단이 자발적으로 공영형사립대로 전환하도록 유도할 것인가이다.

교수노조를 비롯한 교수 단체는 그 문제의 해결 방법으로 '반값 등록금과 결합된 국가책임교수제도'를 제시하였다. 예컨대 지금도 정부에서는 국가 예산으로 2014년도에는 3조 5000억 원, 2015년도에는 4조 원을 확보하여 국가 장학금을 지급하고 있다. 그런데 그렇게 예산으로 확보된 국가장학금을 학생들에게 직접 지급하는 것이 아니라, 교수 및 대학 직원의 인건비를 보조[23]하면서 학생들에게는 등록금을 반값으로 낮추는 방식으로 전환하는 것이다. 현재 사립 중고등학교에 대하여 국가 및 시도교육청이 교직원 인건비, 학교·교육과정 운영비, 학교 시설비, 교육복지 지원비 등의 명목으로 재정보조금을 지급하고 있는데, 이러한 제도를 대학에도 시행하는 것이다.

---

22. 임재홍 외, 2015, 128~133쪽.
23. 이렇게 반값 등록금 예산을 확보하여 교수 인건비를 지원하는 제도를 국가책임교수제라고 부른다.

이런 제도를 실시한다고 하여 학생들의 부담이 늘어나는 것은 아니다. 국가책임교수제도는 국가장학금과 비교해서 학생들의 등록금 부담을 줄이는 효과는 동일하다.[24] 하지만 대학 체제 개편과 관련하여 다음과 같은 두 가지 차이점이 있다. 첫째, 국가책임교수제도는 공영형사립대학으로의 전환을 촉진시키는 수단이 될 수 있다. 둘째는 앞으로 입학 정원이 감소하였을 때 동일한 수의 교수를 유지하는 데 들어가는 대학의 재정 부담을 줄일 수 있다.

사립 재단들이 공익 이사의 반을 수용하면서 공영형사립대로의 전환을 쉽게 받아들이지는 않을 것이다. 그런데 정부가 공영형사립대학으로 전환하는 사립대학에 한하여 교직원 인건비를 지원하는 정책을 추진하면 대부분의 사립대학은 공영형사립대학으로 전환하게 될 것이다. 왜냐하면 사학 재단에서 막대한 재원을 투입하지 않는 한, 공영형사립대학과 비슷한 수준의 등록금을 가지고 비슷한 수의 교수를 유지할 수 없기 때문이다. 다시 말하면 정부가 의지만 가진다면 이렇게 국가장학금 예산으로 국가책임교수제도를 운영하면서, 공영형사립대학으로 전환을 충분히 유도할 수 있다. 물론 학생 수가 줄어들고 있는 상황이고, 국가 장학금만으로 공영형사립대 운영 예산 지원이 충분하지 않을 수 있다. 이런 문제는 현재 0.8%인 고등교육 예산을 OECD 평균인 GDP의 1.4%로 확보함으로써 해결할 수 있다.

---

24. 행정비용이 적게 들고 낙인효과가 없다는 보편 복지가 선별 복지에 비하여 가지는 장점이다.

국공립대의 공공성 강화[25]

우리 대학의 공공성 결여는 사립대에만 해당하는 것은 아니다. 고등교육비의 정부 부담이 세계 최저라는 것이 말해주듯이, 국공립대도 학생들의 등록금에 많이 의존하는 상황으로, 고등교육의 공공성이 확보된 것은 아니다. 게다가 상황은 더 악화되고 있는 실정이다.

1995년 신자유주의 고등교육정책을 골자로 하는 5·31교육개혁안 이후 국공립대학은 위기에 처해 있다. 먼저 국립대 법인화 정책의 실시로 등록금이 치솟았고, 2003년 국립대 등록금 자율화 조치 시행으로 2004년부터 2008년까지 국립대 등록금이 폭등했다. 그리고 국립대학인 서울대학이나 인천대학이 법인화되었는데, 이들 대학은 국가 사정에 따라 언제든지 대학 운영 경비가 학생들에게 전가될 위험성이 있다. 또한 고등교육 시장화 정책에 따른 정부의 국립대 구조조정 방침에 따라 10개 국립대의 통폐합이 이루어졌는데, 국공립대에서는 모두 108개 학과가 감축되었고, 학생 정원도 8768명이나 축소되었으며, 그 결과 일반대학에서 국공립대가 차지하는 비율은 1979년 24%에서 2009년 13%로 줄었다.

이런 상황에서 사립대학의 공영형사립대로의 전환과 함께 국공립대학의 공공성을 높이기 위한 노력이 필요하다. 이를 실현하기 위해서는 국공립대학을 신설하거나 확장하는 방안도 있고, 국공립대학의 재정 공공성을 강화를 위해 (가칭) '고등교육재정교부금법' 제정을 통해 내

---

25. 임재홍, 「고등교육과 교육공공성의 확장」, 경상대법학연구소, 『법학연구』 제20권 제1호, 2012, 137~138쪽.; 임재홍, 「이명박 정부 교육정책에 대한 평가와 과제」, 민주주의법학연구회, 『민주법학』 제50호, 2012, 208~212쪽.

국세 총액의 일정 비율을 고등교육 교부금으로 사용하도록 규정할 필요가 있다.

고등직업교육기관의 공교육화[26]

직업교육기관의 공교육화도 실현해야 한다. 현재 우리나라 전문대학들은 국가 재정 지원의 부족, 수업 연한의 제한, 학벌 중심 사회구조하에서 전문 직업 인력을 양성하는 데 한계가 많다. 그리고 전문대학이나 산업대학이 일반대학으로 전환하기도 하고, 일반대학이 전문대학에 설치된 학과나 유사 학과를 신설하면서 직업 전문대의 정체성이 흔들리고 있다. 이미 세계 여러 나라들은 전문대학을 평생직업교육기관으로서 자리매김하면서 직업교육의 공공성을 제고해나가고 있다. 예컨대 2016년 미국 대선에서 유력한 후보인 클린턴이나 샌더스는 모든 전문대학의 무상교육화를 공약으로 제시하고 있다. 우리나라에서도 전문대학의 정체성 확립과 아울러 무상교육화 실현 및 평생 직업교육기관의 공교육화가 절실한 실정이다.

---

26. 임재홍 외, 2016, 165~167쪽.

3.
대학평준화의
한국적 경로

　대학 서열 체제 해체와 공공성 강화에 입각한 대표적인 대학 체제 개편안이 이미 몇 가지 제시된 바 있다. 전국의 국공립대학을 하나로 묶어서 공동선발하고, 공동학위를 부여하자는 국공립대통합네트워크안(2004년 정진상 교수안)을 비롯하여, 학제 개편을 통해 전국 단일의 국립교양대학을 설립하고, 고등학교를 졸업하면 국립교양대학에 일단 진학한 뒤, 국립교양대학 성적으로 일반대학(전공과정)에 진학하도록 하자는 소위 교양대학안이 그것이다. 2012년에 진보 진영에서는 이 두 안을 통합하여 대학통합네트워크 안으로 발전시켰다.[27]

---

27. 심광현(2011), 「21세기 한국 대학 교육 체제 개혁의 기본 방향: 〈국립대학통합네트워크(안)〉과 〈국립교양대학(안)〉의 통합에 의한 초·중등-대학 교육의 종합발전계획을 중심으로」, 전교조 토론회, 2011. 8. 4.

한국적 대학평준화 – '대학통합네트워크'

우리나라에서 대학평준화를 이루기 위해서는 두 가지 조건을 고려하여 이행 경로를 수립해야 한다.

첫째, 사립대학의 비중이 매우 높다는 점이다. 대학 서열 체제를 타파하고 대학평준화 체제를 안정적으로 유지하려면 앞에서 살펴본 것처럼 대학 공공성을 강화해야 하는데, 이를 위한 방법은 사립대를 국립대로 전환하거나 국공립대를 확대하는 방안이 있다. 그러나 사립대를 국립대로 전환하는 것은 사실상 사학의 지배구조를 바꾸는 것이기 때문에 사학이 기득권을 내놓지 않는 한 현실 가능성은 없다. 또한 국립대학을 신설하는 것도 막대한 재정적 부담을 감당해야 한다. 따라서 사립대학의 공공성을 강화하는 현실적인 방안은 영국의 대학들처럼 정부책임형사립대학으로 전환하는 것이다. 대학 공공성을 확보하지 않고서는 대학평준화 정책을 추진해나가면서 대학들의 동의를 끌어내는 데 많은 시간이 소요될 뿐만 아니라 안정된 대학 통합 체제를 유지하기가 어렵다.

둘째, 대학 서열 체제에서 상위 서열의 대학교들이 수도권 지역에 집중되어 있다는 점이다. 인구의 절반이 수도권 지역에 거주하기 때문에 대학교에 진학하는 학생 또한 산술적으로 우리나라의 절반이 모여 있다. 그런데 이에 반하여 수도권 지역의 대부분은 사립대학이며 국립대학은 가뭄에 콩 나듯이 듬성듬성 있을 뿐이다. 수도권의 국립 대학교라고는 서울대학교(현재는 법인대학), 서울과학기술대학교, 서울교육대학교, 육군사관학교, 서울시립대, 경인교육대학교 정도에 불과하다.

따라서 수도권 지역에서 대학평준화 체제가 안정적으로 출범하기 위해서는 수도권 지역의 사립대학을 참여시키는 것이 필수적이다. 결국 이 두 가지가 이끄는 결론은 대학 서열화 해소를 위해서는 수도권의 상당수 사립대를 정부책임형사립대로 전환하고 이들을 국공립대와 함께 대학통합네트워크에 참여시켜야 한다는 점이다.

정부책임형사립대로의 전환을 통해 대학 서열 체제 타파의 토대가 갖추어지면 본격적으로 공동선발-공동학점(학점교류)-공동학위제도를 도입하여 대학통합네트워크를 결성하는 국면으로 진입해야 한다. 대학통합네트워크는 대학에 대한 국가적 지원과 책임을 바탕으로 학생을 공동선발하고, 학점을 교류하며, 공동(통합)학위를 수여하는 대학연합체제이다. 이를 통해 대학통합네트워크에 포함된 대학들은 사실상 평준화된다.

공동선발은 대입자격고사를 통해 대학통합네트워크 정원 숫자를 선발하고, 통과한 학생들은 원하는 학과에 진학하게 된다. 학교는 거주 지역의 대학에 입학하도록 배정하되 원하는 대학에서 학점을 이수하도록 개방한다. 또한 평준화의 초기에는 기존의 인기 대학에 대한 지원이 높을 수 있기 때문에 일부는 추첨을 통해서 배정하는 방안들을 단기적으로 검토할 수 있을 것이다.

대학의 공동선발 방식

- 대입자격을 획득한 학생들은 먼저 1, 2, 3지망으로 대학을 지원해 배정받고, 배정은 거주지별 배정을 원칙으로 한다.
- 전공과정 진학은 희망하는 학과를 지원하도록 하되, 전공별로 학위수여 정원을 두고 정원 초과 인원에 대해서는 지속적으로 전과를 추진한다. 전공과정 진학 시 특정 캠퍼스에 집중도가 높을 경우 교양과정 이수 성적 등을 고려하여 배정한다.

공동학점은 대학통합네트워크의 어느 캠퍼스에서 학점을 이수하더라도 그 대학의 학점으로 인정하는 것이다. 이렇게 될 경우 특정 대학 캠퍼스에 대한 소속 욕구는 약화될 수 있고 학생들은 공부하고 싶거나 가기 쉬운 대학에서 학점을 이수하면 된다.

　공동으로 선발하고 학점을 교류하였기 때문에 졸업생들에게는 대학통합네트워크 이름으로 공동학위를 부여한다. 이 과정을 통해 어느 캠퍼스를 나오더라도 사회적 대우에 있어서 차별이 사라질 것이다. 결국 대학통합네트워크가 수년간 정착되면 대학의 학벌이 사라지고 각 지역의 대학들이 균형적으로 발전할 수 있는 토대가 형성될 것이다.

　대학통합네트워크의 학부과정은 현행처럼 4년으로 하되 대학 1기 과정(1년)은 인문사회 계열과 자연 계열 두 계열만 두고 국립교양과정

대학 체제 개편

으로 운영하며, 2기 과정(3년)은 학부제로 운영한다. 법대, 사범대, 의대, 약대 등 전문직을 위한 학부과정을 폐지하고, 이 과정들을 전문대학원에 설치한다. 이를 통해 선호도가 높은 학과에 입학하기 위한 대입 경쟁을 근원적으로 차단하고 대학의 균형 있는 학문 발전을 꾀하도록 한다.

대학통합네트워크의 현실화 경로

대학통합네트워크의 건설 방식은 추진 시점의 상황과 준비 정도에 따라 경로가 달라질 것이다. 특히 중요한 변수는 사립대학의 동의 정도인데, 사립대학의 참여 속도가 늦어지고 합의에 시간이 소요되어 시차가 발생할 경우에는 국공립대 우선 통합 방식이 추진될 수 있을 것이다. 이 경우 통합국립대학을 우선적으로 구성하여 통합네트워크로 이행을 추진하고, 추후 독립형 사립대학이 '정부책임형사립대학(공영형사립대학)'으로 전환되면 대학통합네트워크를 출범시키는 것이 두 단계로 진행될 수 있을 것이다.

즉 통합국립대 이름으로 공동선발, 공동학위 수여, 교수 및 학생 교류 및 단위 학교 간 상호 학점 인정, 통합교양교육과정 운영, 공동 학과의 통합 운영 및 협력적 의사결정 체제를 갖춘다는 것이다. 국공립대통합네트워크는 서울대, 강원대, 충북대, 충남대, 전북대, 전남대, 경북대, 창원대, 부산대, 제주대의 10개 거점 국립대학을 대상으로 하는 것이다.

대학통합네트워크 구성 경로

〈경로 1〉 국공립-사립 동시 추진 방안	
1단계	거점 국립대학+ 정부책임형사립대학
	대학통합네트워크 구성(공통 교양과정, 1년 후 전공 진입, 공동학위제, 교수 및 학생의 자유 이동)

〈경로 2〉 국공립대 우선 추진 방안[28]		
	국공립대통합네트워크 구성	공영형사립대학 추진 과정
1단계	10개의 거점 국립대학을 중심으로 '국공립대통합네트워크 구성(공통 교양과정, 1년 후 전공 진입, 공동학위제, 교수 및 학생의 자유 이동, 통합 국립대 내의 특성화)	+ 고등교육재정교부금법 제정 등 정부책임형사립대로 전환
2단계	대학통합네트워크 구성 공영형사립대학과 국공립대 통합네트워크 형성	

　　이러한 두 가지 단계를 사회적 합의에 기초하여 한꺼번에 추진함으로써 대학통합네트워크를 조기에 출범시키는 동시 추진 경로가 있을 수 있다.

　　경로 1과 경로 2 중 어느 경로가 될 것인지는 정부책임형사립대로의 전환 속도, 대학통합네트워크에 대한 사회적 합의 정도 등 당시의 상황 속에서 최선의 경로를 선택하여 추진할 수 있다.

　　이렇게 대학통합네트워크가 구성되면 권역별로 연구네트워크 체제

---

28. 임재홍 외, 2016, 127~129쪽.; 233~237쪽.

를 구축하여 대학원 과정에서 심화된 연구와 학문 발전이 이루어질 수 있도록 한다. 대학원의 권역별 네트워크 체제는 대학 캠퍼스를 넘어 교수-대학원생의 공동 교육-연구 체제를 권역별로 구축하는 것을 목표로 한다. 이것이 실현되면 분과학문의 연구를 활성화할 수 있는 일정 규모의 인력풀을 확보함으로써 연구의 수공업성을 극복하고 연구의 전문화, 규모화를 이룰 수 있다. 이러한 연구 진영의 협력 체제를 구축함으로써 학문 발전의 새로운 동력을 확보하고 경쟁 패러다임을 넘어서는 새로운 학문 발전의 패러다임을 구축할 수 있다.

프랑스
파리 대학의
평준화

　프랑스의 경우에는 68혁명이 일어나면서 대학 체제의 개편이 급속도로 진행되었다. 68혁명은 파리 낭테 대학에서 촉발되었지만 대학생, 고등학생뿐만 아니라 노동자 계급이 연대한 총파업으로 확대되었다. 소르본에 바리케이드를 친 68혁명의 주체들은 고등교육기관의 확대 및 모든 계층에 개방을 요구하였고 전면적인 대학 자치와 민주화를 추구하였다.

　이러한 요구가 혁명 이후 1968년 11월에 공포된 고등교육기본법에도 반영되면서 프랑스의 대학 체제 개편이 이루어졌다. 고등교육기본법(포르 법 E. Faure)에 따르면 대학은 가장 높은 수준의 교육과 연구에 접할 것을 원하는 모든 사람들에게 개방할 의무를 지닌다는 것이 천명되었다. 고등교육 기회의 확대가 발표되면서 1968년 7월과 1969년 1월 사이에 26개 이상의 대학이 생겨났다. 파리의 경우에도 기존의 8개 대학에 추가하여 5개의 대학이 신설되었다.

　또한 고등교육기본법은 대학제도의 개편을 제시하였는데 대학 독립

성을 강화할 목적으로 대학 법인격과 재정적 자치를 누리도록 규정하였다. 이에 따라 종전의 고등교육기관이었던 학부를 대신해서 교육연구단위(UER)를 창설하였는데[29] 이는 단과대학에서 다전공대학 또는 종합대학으로 프랑스 대학 체제를 개편하는 것이었다. 고등교육기본법(포르 법)이 담고 있는 세 가지 원칙(자율, 참여, 다학문성) 가운데 다학문성(pluridisciplinarité)으로 인해 이와 같은 UER 체제가 구성된 것이다. 그리하여 문과대는 '문학과 인문과학 대학'(Faculté des lettres et des Scienceshumaines), 법과대는 '법학과 경제학 대학'(Faculté du droit et de la Scienceéconomique) 등으로 바뀌었다.[30]

68혁명 이후 이러한 대학 교육 기회 확대와 평등 요구의 흐름 속에서 파리 대학들이 개편되었다. 이 과정에서 파리의 교육연구 단위(UER)들은 파리 1대학부터 파리 13대학까지 번호를 부여받게 되었다. 이로써 프랑스에서는 가장 분명한 상징적 형태로 대학평준화 체제가 성립되었다.

또한 고등교육기본법은 대학 민주화를 명시함으로써 대학의 자주적 운영이 이루어지도록 보장하였다. 교육부 장관이 임명하는 대학구 총장과는 별도로 선거에 의해 구성되는 대학평의회 의장이 있고, 학생들도 대학의 자치적 운영에 참여할 수 있는 권리를 확보하였다.

프랑스 대학의 평준화 과정은 몇 가지 시사점을 주고 있는데, 첫 번째 교육 주체들의 고등교육 개선 요구가 분출되고 사회적으로 노동자

---

29. 이규환, 『선진국의 교육제도』, 184~185쪽.
30. 박찬, 『68혁명과 '새로운 파리 대학'의 출현』, 서강인문논총 제41집, 2014, 14쪽.

들이 광범위하게 호응하면서 법제도의 개편으로 전진하였다. 우리나라의 경우에도 대학 서열 체제의 해소가 교육 주체들과 노동자·시민의 사회적 연대를 통해 대학 공공성 강화와 민주화라는 방향으로 진행될 때, 탄력을 받을 수 있을 것이다.

둘째로 프랑스의 평준화 체제가 단과대학 체제로부터 학문과 교수집단의 통합 등 종합대학 형태로 전환하면서 진행되었다는 점이다. 따라서 우리나라도 대학의 통합과 재구성(대학통합네트워크)을 통해 시대적 요구에 부응하는 형태로 대학평준화를 추진할 때 성공 가능성이 높아질 것이다.

그러나 프랑스의 대학평준화 체제의 확립이 대학 교육기관이 확대되는 과정 속에서 추진되었다고 한다면, 우리나라는 고등교육기관을 감축하려는 상황에서 진행된다는 차이점이 있다. 또한 프랑스의 경우 국립행정학교, 고등상업학교, 고등사범학교 등 엘리트 교육기관인 그랑제콜을 제외하고 진행되었다는 한계가 있다.

따라서 우리는 우리나라의 대학의 상황을 고려하면서 프랑스보다 완전한 형태의 대학평준화를 이루는 경로를 설계해야 한다.

대학통합네트워크-시장만능주의 대학 구조조정의 대안

대학통합네트워크는 대학평준화 방안일 뿐만 아니라 현 시기 대학 교육의 질을 높이기 위한 구조 개편 방안이다. 그러나 이명박 정부와 박근혜 정부는 대학을 평가하여 퇴출시키려는 대학 구조조정을 지속하고 있다. 하위 등급의 평가를 받는 대학에 대해서 정원을 축소시키고 퇴출을 유도하겠다는 것이다.

이러한 대학 구조조정의 근거로 고등학교 졸업생 수가 줄어들어 현재의 대학 정원이 과잉될 것이라는 점을 제시한다. 우리나라의 출산율 저하로 인해 2018년이 되면 대학 정원이 고등학교 졸업생 수를 초과하게 되고, 2023년에는 지금보다 대학 입학생 수가 16만 명이나 감소한다는 것이다.

대학 진학자 예측 시계열 분석[31]

단위: 명

연도	2013년	2018년	2023년
학령 인구(A)	687,455	598,296	433,032
고교 졸업생(B)	631,835	549,890	397,998
입학 정원(C)	559,036	559,036	559,036
초과 정원(B-C)	72,799	-9,146	-161,038

대학 입학생 수가 감소하게 되면 학생 없는 학교와 학과가 생긴다는

---

31. 교육부, 「고등교육종합발전방안」, 2013.

것이다. 대학 정원의 감소로 인해 학생 충원이 되지 않는 학교의 경우, 학교 적자가 누적되면서 학교 폐교가 현실화되고 이렇게 될 경우 대학 교직원의 실업 문제와 재학생의 수업 문제가 폭발하게 된다는 것이다. 박근혜 정부는 이러한 혼란한 상황을 막기 위해서 선제적이고 강도 높은 대학 구조조정을 진행한다는 것이다.

박근혜 정부의 구조조정 계획은 모든 대학을 대상으로 5단계로 등급화하고 단계적·차등적으로 정원 감축을 진행하여 2023년까지 대학 입학 정원을 16만 명으로 감축하겠다는 것이다.

대학의 등급	정원 감축 방식	재정 지원 사업
최우수 대학	정원 자율 감축	정부 재정 지원 사업 참여
우수 대학	정원 일부 감축	정부 재정 지원 사업 참여
보통 대학	정원 평균 수준 감축	정부 재정 지원 사업 참여
미흡 대학	정원 평균 이상 감축	재정 지원 제한(국가장학금 II유형 미지급 + 학자금 대출 일부 제한)
매우 미흡 대학	정원 대폭 감축/퇴출, 자발적 퇴출 유도	재정 지원 제한(국가장학금 전체 미지급 + 학자금 대출 전면 제한)

그러나 이 방안에는 대학 정원의 감축만이 있을 뿐, 대학의 공공성을 강화하고 대학 교육의 질을 높이는 계획이 없다. 단지 대학 구조조정을 선제적으로 추진하여 대학 노동자들을 장기간에 걸쳐 해고하거나 비정규직으로 교체하여 충격을 분산키는 것에 불과하다. 오히려 이러한 계획은 현재 우리 대학의 파행 상태를 다음과 같이 심각한 수준으로 몰고 갈 것이다.

첫째, 대학 평가를 통한 박근혜 정부의 정원 감축 정책은 고등교육의 황폐화를 야기한다. 대학 평가 기준 중 전임교원 확보율이 있는데 각 대학들은 이미 전임교원 충원은 하지 않고 책임시수만을 늘리고 있고 반정규직, 비정규직 교원 채용 등 편법을 동원하고 있다.

둘째, 이러한 대학 구조조정은 지방대학의 몰락을 가져와 수도권과 지방 간의 고등교육 불균형을 야기할 것이다. 또한 대학 서열 체제의 고착화를 넘어 대학의 등급화, 양극화를 가져올 것이다.

셋째, 교수·직원 대량 실업 사태 및 비정규직의 증가가 불가피하게 동반한다. 교육부 정책안을 보면 앞으로 10년간 대학 정원을 16만 명가량 줄어든 40만 명까지 감축한다는 방침이다. 이는 우리나라 대학 110개 정도의 규모이다. 학생 정원이 28% 감축되면 교수나 직원도 그에 상응하여 비례적으로 감축되고 이에 따라 최소 30%의 교수와 직원이 일자리를 잃게 된다.

넷째, 이러한 대학 구조조정은 학문 체제의 변동을 가져와 기초학문과 예술 분야의 몰락, 학문 재생산 체계의 붕괴로 이어질 것이다. 이명박 정부의 부실 대학 평가가 이루어지면서 취업률에서 불리한 지위에 있는 인문학 등 기초학문 분야 및 예체능 분야는 이미 대학의 사전 구조조정을 통해 즉 학과 통폐합 등으로 완전히 몰락한 상황에 있다.

결국 박근혜 정부의 대학 구조조정은 문제의 해결이 아니라 문제를 더욱 꼬이게 만들고 대학 교육을 황폐화하는 것에 불과하다.

그런데 이러한 상황을 돌파할 좋은 해법은 따로 있다. 그것은 과잉된 것처럼 보이는 대학 교육 역량을 대학 교육의 질을 높이는 자산으로 전환하는 것이다. 즉 지금 있는 대학교들을 퇴출하는 것이 아니라 OECD 평균 수준에서 한참이나 떨어져 있는 고등교육의 여건을 개선하는 계기로 삼는 것이다.

먼저 대학의 공공적 재편을 담보하기 위하여 고등교육 재정을 OECD 국가 평균 1.2%로 확충해야 한다. 재정 확보를 바탕으로 대학의 공공성을 강화하여 대학 교육의 질을 높일 수 있다.

교육 단계별 GDP 대비 공교육비 구성(2012)

단위: %

구분	고등교육		
	계	정부 부담	민간 부담
한국	2.3	0.8	1.5
OECD 평균	1.5	1.2	0.4

이를 바탕으로 우선적으로 대학 교원 1인당 학생 수를 줄여야 한다. 즉 교수 1인당 평균 학생 수를 경제협력개발기구 평균 수준인 15명으로 낮추어야 한다. 이를 위해서는 정규 교원 충원을 확대하고 고등교육 활동의 원활한 지원이 이루어질 있도록 대학 직원을 확보해야 한다. 즉 대학교수와 대학 노동자들을 구조조정이라는 이름으로 해고와 비정규직으로 내모는 것이 아니라 오히려 정반대로 정규 교원의 충원과 고용 안정화로 방향을 바꾸어야 한다.

결국 기존 대학의 퇴출이 아니라 공공성 강화를 통해 재구조화하는 것이 필요하다. 이를 위한 방안이 바로 정부의 교육 재정 증대와 사립대를 재정 투입을 통해 정부책임형사립대학으로 전환하는 것이다. 그리고 정부책임형사립대를 국립대와 함께 지역별로 묶어 재구조화된 대학네트워크를 구성하는 것이다. 지역별로 대학이 연합하여 공동학점제도를 도입하고 교과 과목을 이수하도록 함으로써 교원과 교과과정을 효율적으로 운영하는 것이다. 대학통합네트워크는 각 대학 간 협력적 체제의 구축을 통해 학문 발전의 새로운 견인차가 될 것이다.

결론적으로 대학통합네트워크는 대학 서열화 해소 방안일 뿐만 아니라 시장만능주의적인 대학 구조조정 정책을 중단시키고 이를 대체하는 대학 재구성 방안이기도 하다.

신자유주의
대학 체제 개편안[32]

대학 체제 개편 방향에는 크게 두 가지 입장이 있다. 하나는 교육의 공공성 입장에서 대학 서열을 해체하고 평준화하려는 입장이고, 다른 하나는 신자유주의 입장에서 고등교육을 영리화하고 산업화하려는 입장이다. 1995년 이후 지금까지 우리 정부의 고등교육 개선 정책 방향은 신자유주의 입장이었다고 할 수 있다.

이런 신자유주의 대학 체제 개편 노력은 고등교육의 사유화와 공공성 약화로 귀결되었고, 입시 경쟁 교육과 결합되어 공교육을 황폐화시키고 엄청난 사교육비 증가를 가져왔다. 따라서 대학 교육의 공공성 확대 입장은 이런 신자유주의 대학 개편에 대한 저항과 대안 모색의 의미를 지닌다.

여기에서는 고등교육의 공공성 입장과 대비되는 신자유주의 고등교육 개편 방안의 본질과 추진 실태에 대해 간단히 살펴보기로 한다.

---

32. 임재홍, 「신자유주의시대 대학지배구조」, 『문화과학』, 2015년 여름호(제82호)를 요약한 것임.

신자유주의와 고등교육 지배구조 개혁의 흐름

1970년대 이후 경제 불황이 닥치면서 복지국가 모델이 후퇴되고, 재정 위기 타개책으로 개인의 책임과 자율성, 정부의 역할 축소와 민영화가 강조되는 신자유주의 이념이 등장하면서 1980년대 이후 교육부문에서도 미국과 영국을 중심으로 민영화와 시장원리를 적용한 정책을 펼치게 된다.

신자유주의 대학 체제 개편에 따라 고등교육 부문에 대한 정부의 재정 지원은 축소되고, 학생들의 등록금은 폭증하고 교육 부문에서 사회적 불평등은 심화된다. 또한 영리형 대학들이 만들어지고, 대학들은 예산 절감과 더 많은 영리 추구를 위해 비정규직과 임시 고용직을 더 많이 채용하게 된다. 그리고 이런 대학의 상업화와 영리화를 돕기 위해 등장한 것이 대학 평가와 서열 매기기 정책이다. 이후 대학에 교육과 관계없는 외부 인사가 유입되고, 영리 추구가 가능한 사립학교를 대학 개편의 모델로 하여 대학 개편이 이루어진다.

이렇게 교육을 상품으로 보고 대학을 산업화하면서, 인간이나 복지로서의 교육의 본질적 모습은 사라지게 된다. 교육이나 연구 봉사 활동 등 교육의 본질이나 공공적 가치보다는 경제적 이익이나 실용성, 서열 경쟁이 판을 치게 된다.

우리나라에서 신자유주의 고등교육정책의 수용

우리나라에서 신자유주의 고등교육정책의 시작은 '대학설립자유화정책'과 '대학자율화정책'이다. 이 정책은 겉으로는 대학 교육의 질과 경쟁력 향상을 내걸고 있지만, 본질은 고등교육에 대한 국가보조금의 삭감과 고등교육을 영리화하여 자본이 이윤을 추구할 수 있도록 해 주는 것이다. 실제로 두 정책 모두 의도했던 대학 교육의 질과 경쟁력을 높이지 못했다. 그럼에도 불구하고 정부는 이런 정책 기조를 유지하면서 대학 평가를 통해 입학 정원을 감축하고, 대학 교육의 질과 경쟁력을 제고시키겠다는 신자유주의 고등교육정책을 고수하고 있다. 두 정책을 좀 더 자세히 소개하면 다음과 같다.

1) 고등교육 시장화 정책

'대학설립자유화(대학설립준칙주의) 정책은 1995년 김영삼 정부의 소위 5·31 교육개혁 조치에 따라' 나온 정책이다. 이 정책은 고등교육 영역을 시장으로 보고 자본의 진출입을 자유롭게 하여 '자유경쟁'을 통해 '고등교육의 질 향상'을 도모하려는 의도를 내세웠다.

하지만 이 정책은 대학의 양적 팽창만 가져왔을 뿐 그런 목적은 달성하지 못했다. 그럼에도 불구하고 고등교육을 시장으로 보고 대학을 산업으로 보는 정책은 더욱 공고화되고, 대학이 기업과 교류하여 기술을 개발하고 상업화할 수 있도록 합리화한 「산업교육진흥 및 산학연협력촉진에 관한 법률」이 제정된다. 또 정부가 교육을 산업으로 보고 교육 서비스 시장을 자율적으로 개방하기 위해 「경제자유구역의 지정 및 운영에 관한 특별법」과 「제주특별자치도 설치 및 국제자유도시 조성을 위한 특별법」도 만들어진다.[33]

2) 대학 자율화 정책: 국립대학 사립화 및 사립대학 상업화 정책

정부는 대학 자율화 정책으로 '국립대학의 법인화', '사립대학에 대한 탈규제/상업화 정책'을 펼친다. 대학에 대한 관료적 개입을 줄이고 대학이 자율적으로 운영할 수 있도록 해주면 우수한 대학이 나올 것이라고 본 것이다. 하지만 국립대학 법인화 정책은 등록금만 인상되고 대학 교육의 공공성 약화로 구성원들의 저항을 받아 소수 대학을 제외하고 성공하지 못했다. 사립대학의 자율화 정책도 대학법인의 엄청난 비리와 반교육적 행태로 임시 이사를 파견할 정도로 파행을 겪고 있는 실정이다.

그런데 최근 박근혜 정부는 "고등교육 종합발전방안(시안)"이라는 대학 자율화 정책을 펼치고 있다. 이 정책은 고등교육의 공공성이 약화된 현재의 상황을 더 악화시킬 우려가 있는 내용으로 구성되었다. 물론 반값 등록금이라는 이름의 국가장학금 제도를 만들어 고등교육 재정 지원 구조의 취약성을 보완하려고 하지만, 이 정책도 선별적 복지 형태로 대다수 학생들은 혜택을 받지 못하고 있고, 사립대학법의 물적 토대를 제공하는 기능을 하고 있다고 볼 수 있다.[34]

---

33. 임재홍(2016), 16쪽.
34. 임재홍(2016), 18~19쪽 요약.

3) 인위적인 경쟁 강요 정책: 대학 평가 및 대학 구조개혁

(가) 새로운 유사 시장 정책으로서 대학평가제도

정부는 대학들 간에 경쟁을 강화하는 정책을 펼치게 된다. 이러한 목적으로 제출된 것이 「대학 평가 및 구조개혁에 관한 법률(안)」과 「대학 구조개혁에 관한 법률(안)」이다. 이 법률은 대학 간의 자유로운 경쟁이 일어나지 않으면 인위적인 경쟁을 조장하고, 국가가 경쟁의 결과를 평가하여 성과를 제공하거나 퇴출까지도 불사하겠다는 내용이다.

「대학 평가 및 구조개혁에 관한 법률(안)」이나 「대학 구조개혁에 관한 법률(안)」을 보면 평가를 통해서 강제적인 입학 정원의 감축이나 대학 폐교까지 시킬 수 있는 권한을 국가에 부여하고 있다. 이 정책이 실현될 경우 관료주의적인 보고서 작성과 같은 무의미한 활동, 감독기관의 형식적이고 반복적인 평가서 작성 요구, 평가기관들을 대상으로 하는 과도한 로비 등 잘못된 방향으로 갈 가능성도 농후하다. 즉 유사 시장 정책의 실패 가능성이 그만큼 커지게 된다.

(나) 대학 평가가 핵심인 「대학 평가 및 구조개혁에 관한 법률(안)」

2014년 4월 30일 국회 교문위원회 소속 새누리당 김희정 의원은 「대학 평가 및 구조개혁에 관한 법률(안)」(이하 '김희정 법안'으로 약칭)을 제출했다. 이 법안의 주요 내용은 다음과 같다.

① 먼저 대학 자체 구조개혁의 법적 근거를 마련하고, ② 대학 평가

를 위해 대학평가위원회, 대학 구조개혁을 위해 대학구조개혁위원회
를 설치하도록 하고, ③ 모든 대학을 평가하여 대학 구조개혁의 자
료로 활용한다. 또한 ④ 학교법인의 자진 해산 시 잔여 재산의 전부
또는 일부를 처분할 수 있고, ⑤ 정원 감축으로 인하여 발생한 유휴
교육용 기본 재산의 용도 변경을 허용하는 내용 등을 담고 있다.

이 법안은 대학 교육의 질 향상에 대한 방안이 명확하지 않고, 단
지 대학의 양적 축소에 초점을 두고 있으며, 평가를 통해 강제적인 정
원 감축을 합리화하기 위한 내용이고, 평가의 공정성을 담보할 수 있
는 어떠한 안전책도 규정하고 있지 않다. 대학 평가의 핵심이라 할 수
있는 평가 기준에 대해서는 교육부 장관에 포괄적으로 위임되어 있
어, 평가 지표나 결과의 활용에 따라 정부가 완벽하게 대학을 통제할
수 있다고 생각된다. 따라서 그 평가 지표가 인위적인 경쟁과 재원 배
분에 활용되는 시장적 지표가 되게 되면 고등교육의 공공성은 파괴되
고 자연스럽게 상업화, 영리화를 촉진하는 매개체가 될 것이다.[35]

(다) 권력적 대학행정이 핵심인 「대학 구조개혁에 관한 법률(안)」
2015년 8월 이후 정부여당은 교육개혁을 내세워 대학 구조조정을
추진한다. 교육개혁을 4대 개혁의 하나로 포함하고, 대학구조개혁법을
처리하려는 방침을 세웠다. 그리고 10월 26일 「대학 구조개혁에 관한
법률(안)」(이하 '안홍준 법안'으로 약칭)을 제출한다. 안홍준 법안의 주요

---

35. 임재홍(2016), 19~22쪽 요약.

내용은 다음과 같다.

① 대학의 구조개혁에 관한 사항을 규정하고 있으며, ② 대학의 자율적인 구조개혁 노력과 이러한 노력을 지원하기 위한 정부의 지원, ③ 대학구조개혁위원회의 설치, ④ 대학 평가와 대학평가위원회 관련 내용, 그리고 ⑤ 대학의 재정 지원, 정원 감축, 기능 개편, 폐쇄나 법인 해산 등을 심의할 구조개혁위원회, ⑥ 정원 감축으로 인한 잔여 재산, 기본 재산 처리 방법 등을 담고 있다.

안홍준 법안은 앞서 발의한 김희정 법안과 크게 다르지 않지만, 평가를 통한 구조조정 사업을 국사립대를 불문하고 공통으로 적용하여, 국립대학도 입학 정원이 감축될 수 있게 하고 있다. 실제 2015년 대학 평가는 그렇게 운영될 개연성과 위험성이 있다고 생각된다. 예컨대 평가 지표에 대학 거버넌스를 포함시키면 국립대학들을 완전히 통제할 수 있고, 총장 선출 방법도 교육부 의도대로 쉽게 변경시킬 수 있다. 심지어 자발적 법인화의 주요 유도책이 될 수도 있다.

또한 안홍준 법안에 의하면, 대학은 자체 진단과 자율평가 부분이 있지만, 교육부가 평가 대상 대학을 정하고, 대학평가위원회를 구성하고, 평가 결과를 기초로 하여 입학 정원을 감축하고 대학을 폐쇄시킬 수도 있다. 그렇기 때문에 대학의 자체 진단은 교육부 평가를 전제로 한 사전 보고서 준비 및 자체 평가의 의미를 지닐 뿐이고, 대학들은 교육부의 평가 지표 및 평가 방식에 종속되지 않을 수 없다. 그리고 대학 평가의 평가 지표나 평가 방식에 대해서는 전혀 규정이 없고, 오로지 있다면 '교육 여건 개선, 교육의 질 제고 노력, 기능의 강화 등'이 평가 영역이라는 것과 평가 업무를 공정하게 수행할 것이라는 막연한 조항뿐이다.

안홍준 법안은 학교법인이 자체 계획으로 학교법인의 해산을 결정하고, 대학구조개혁위원회의 심의를 거쳐 교육부 장관의 인가를 받으면 해산이 가능해진다. 즉 언제든지 법인을 해산시키고 교육부의 인가를 받아 잔여재산처분에 관한 특례라는 혜택을 누릴 수 있게 된다. 대학의 장이나 대학 구성원들은 이 과정에 참여하지 못한다. 결국 이 법안은 「사립학교법」을 우회적으로 개악하고, 학교법인의 '먹튀'를 세련되게 보장하려고 하고 있다.

4) 대학 영리화 정책

우리나라에서 고등교육의 영리화 정책은 일반화되지 않았지만, 국민의 눈에 잘 들어오지 않는 지역, 예컨대 사전 개방된 경제자유구역과 제주도에서 고등교육 영리화 정책을 펼치고 있다.

또한 정부는 2013년 12월 13일 교육 서비스 분야 투자 활성화 대책을 발표했다. 외국 교육기관의 국내 유치를 원활히 할 수 있도록 규제를 풀어 투자를 촉진하여 해외 유학 수요를 흡수하겠다는 목적을 내세운다. 구체적인 내용은 ① 외국 학교법인과 국내 학교법인의 합작 허용, 국내 기관의 외국 기관 운영 참여 허용, ② 제주국제학교의 경우에는 결산상 잉여금의 배당을 허용 등이다.

이는 외국 교육기관에게 교육 개방을 확대하는 것과, 외국 교육기관에만 허용된 결산상 잉여금 배당에 국내 기관도 참여할 수 있도록 함으로써 교육을 상업화하는 길을 열고, 사실상 국내 대기업의 영리학교 설립을 독려하는 우회로를 열어주겠다는 것이다.

또한 2015년 5월 23일 교육부가 발의한 「경제자유구역 및 제주국제자유도시의 외국 교육기관 설립·운영에 관한 특별법 일부 개정법률안」도 입법 예고하였다. 이 법은 외국 학교법인이 국내 학교법인과 합작으로 외국 교육기관을 설립할 수 있도록 허용하는 것을 골자로 한 대학 영리화 정책이다.

4.
대학평준화에
제기되는
몇 가지 지적에
대하여

한국 사회에서 대학평준화 경로인 대학통합네트워크 방안에 대하여 단골 메뉴처럼 제기되는 몇 가지 질문 또는 비판들이 있다.

첫째, 과연 대학통합네트워크로 대학 서열화가 해소될 수 있는가이다. 다시 말하면 대학통합네트워크 방안의 실효성에 대한 문제 제기이다.

둘째, 대입 경쟁을 해소하기 위해서는 대학평준화가 해결책이 아니라 학력 간 임금 격차 해소에 주력해야 한다는 것이다. 학력 간 임금 격차가 해소되면 자연스럽게 대학입학시험에 대한 경쟁이 완화되고, 나아가 지금과 같은 학력 인플레이션이 사라질 것이라는 주장이다.

셋째, 독립 사립대학을 정부책임형사립대학으로 전환하면 정부의 대학에 대한 통제가 강화되어 대학의 자율성을 위축시킬 것이라는 우려이다.

넷째, 대입자격고사로 학생을 선발하는 대학통합네트워크는 대학의 학문 연구 경쟁력을 약화시킬 것이라는 우려이다.

서울 주요 사립대가 대학 서열의 상위를 차지하여 대학 서열 체제가 지속, 강화될 것이다

서울대가 대학통합네트워크에 참여한다 하더라도 대학 서열 체제의 정점을 연세대, 고려대 등과 같은 사립대학들이 차지함으로써 대학 서열 체제 해소의 목표를 달성할 수 없다는 비판이다.

서울대를 포함한 대학통합네트워크가 구성될 경우 대학 서열이 '서울의 사립대-수도권 지역의 사립대-대학통합네트워크-지방 사립대'로 재구조화되리라는 것이다. 결국 대학 서열은 깨지 못하면서 서울대가 현재 지방 국립대의 위치로 떨어질 것이라는 입장이다.

그러나 대학통합네트워크는 국립대만의 결합으로 한정하는 것이 아니라 일정한 조건이 되는 사립대를 정부책임형사립대로 전환하여 대학통합네트워크에 참여하도록 설계되어 있다. 특히 서울과 수도권 지역의 경우 국공립대의 비율이 매우 낮은 상황이기 때문에 서울지역의 사립대학들을 대학통합네트워크에 참여하도록 할 것이다. 대학통합네트워크의 위상을 세우기 위해서는 여러 가지 극적인 정책적 수단이 적극적으로 동원될 것이다.

▶사립대의 대학통합네트워크로의 참여를 위한 정책적 방안[36]

■ 대학통합네트워크 참여 대학을 전기 대학으로 배치하여 학생을 우선

---

36. 교육혁명공동행동연구위원회, 『대한민국 교육혁명』, 살림터, 2011, 38~39쪽.

선발하도록 함. 상위권 학생의 대학 네트워크 참여를 확보하여 기존의 서열 체제를 해체하도록 함.

- 대학통합네트워크 참여 대학(사립대학 포함)에 법정 교원 확보 및 교원, 교직원에 대한 임금 지급, 고교 수준으로 대학 등록금 인하를 실시함. 이를 통해 사립대학 주체(교수, 학생, 교직원)들의 적극적인 참여를 이끌어내며 이를 통해 사립대학에 대한 공공성을 강화함.
- 법학, 행정학, 교육학대학원과 의학, 치의학, 수의학대학원 등 전문대학원 정원을 지역별로 인구 비례로 설치할 뿐만 아니라 대학통합네트워크에 참여하는 대학의 정원을 확대함.
- 사립대학과 10년 단위의 협약 체결을 통해 향후 지속적 참여 여부에 대한 대학의 의사결정 과정을 개방함.
- 서울과 수도권에서 사립대의 참여 추이를 보면서 준비기에 국립대를 신설함. 국립대를 세우더라도 수도권 지역의 대학 총 정원은 유지하여 지방과 균형 발전을 이루도록 함.
- 대학 관련 사립학교법 개정을 통해 대학의 공공성을 전반적으로 강화하도록 함.

이러한 정책들이 추진되고 대학 서열 체제 타파의 사회적 합의가 공고해질 경우, 서울지역 사립대의 대부분은 대학통합네트워크에 참여하게 될 것이다. 설사 몇 개의 사립대들이 독립 사립대를 고수한다고 하더라도 지금과 같은 강고한 대학 서열 체제와는 성격이 달라질 것이며, 이들 대학이 현재와 같은 서열상의 지위를 누리게 될지도 장담할 수 없을 것이다. 이러한 점에서 초기 국립대만으로 대학통합네트워크를 구성하자는 국립대통합네트워크 방안은 정부책임형사립대까지 포함하는 대학통합네트워크로 진화되었다.

우리나라는 학력 인플레이션으로
대학이 과잉된 상태이며 구조조정이 필요하다

학력 간 임금 격차에 관한 것은 근본적인 사회 개편의 단계로 접근해야 한다. 임금 격차를 줄이고, 경제적 평등을 이루는 것은 치열한 공방과 지난한 사회적 합의의 과정이 요구된다. 이것이 현실화되기 위해서는 사회적 세력 관계의 커다란 변동이 필요하고 상당히 장기적인 시간이 필요하다. 따라서 균등한 삶을 위한 사회 개편을 지속적으로 추진해야 하지만 입시 교육 해소를 이러한 사회 개편 이후로 미루어 둘 수는 없는 일이다. 또한 임금 격차가 축소된다고 하더라도 대학 서열 체제가 자동적으로 해소되는 것은 아니다. 대학 서열 체제는 대학 구조, 우리나라 교육제도에서 기인하기 때문에 이에 대한 개편이 필요하다. 결국 대학 체제 개편을 위한 운동이 축적되고 사회적으로 동의될 때 가능한 일이며 이를 위해서라도 현재부터 이러한 운동이 진행되어야 한다. 오히려 우리 교육에 끼친 악영향을 고려하면 너무 뒤늦게 시작했다고 볼 수 있다.

또한 우리 사회의 경우 노동시장과 비교하여 학력이 인플레이션 되었기 때문에 대학 체제 개편은 고등교육 정원을 대폭 축소하는 방향으로 이루어져야 한다는 논리와 맥이 닿는다. 학력 인플레이션론은 몇 가지 조건을 배경으로 한다.

첫째, 우리나라는 다른 나라에 비해 대학진학률이 매우 높다. 이는 학벌사회가 조장한 것으로 학벌사회의 거품이 빠지면 대학진학률이 낮아지고, 전문계 고등학교를 거쳐 산업 현장으로 진출하는 비율이 증가할 것이다. 따라서 고등교육의 대중화를 추진하기보다는 학벌사회를 해체하여 고등교육에 대한 수요를 적정화해야 한다.

둘째, 대학 졸업 이후에 과잉 학력으로 산업구조와 부조응하여 청년실업이 많으며, 이전에 고졸 학력으로 하던 일에도 대졸자가 지원하는 등 직업이 요구하는 것보다 높은 학력 소유자들이 취업하고 있다. 또한 고졸만으로도 민주시민으로 노동생활을 수행할 수 있도록 중등교육이 완결성을 갖추어야 한다.

셋째, 고등교육의 과잉화로 인해 고등교육에 대하여 국가가 책임지려 할 경우 막대한 재정이 필요하며, 대학 공공성 강화에 선행하여 대학에 대한 구조조정이 필요하다.

그러나 학력 인플레인션론의 주장에는 다음과 같은 문제점들이 있다.

A유형 및 B유형 고등교육 입학률(2000, 2012)

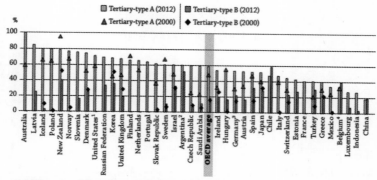

1. A유형 고등교육 프로그램의 입학률은 B유형 고등교육 입학률을 포함함.
2. 2012년도 대신 2011년도 자료임.
3. 2008~2009년 시계열상의 변화는 ISCED 2와 ISCED 5B의 직업교육 프로그램을 부분적으로 재편하였기 때문임.
4. 2000년도 대신 2001년도 자료임.
국가는 2012년 A유형 고등교육 입학률을 기준으로 내림차순 정렬됨.

출처: OECD. 표 C3.2a. 부록 3 참조*(www.oecd.org/edu/eag.htm)*.

첫째, 우리나라의 대학입학률은 OECD 국가 중 상위권에 있다(2012년 우리나라 대학입학률은 69%로 OECD 평균(58%)보다 높은 수준이다). 그렇지만 우리나라의 대학진학률이 기형적으로 높은 것은 아니다. 2012년 고등교육 입학률은 오스트레일리아 100%를 정점으로 라트비아, 아이슬란드, 폴란드, 뉴질랜드, 노르웨이, 슬로베니아, 덴마크, 미국, 러시아에 이어 11번째 국가이다.

또한 대학입학률이 높아지는 것은 세계적인 추세이다. OECD 회원국들의 경우 1995년 평균 37%에서 2012년 58%로 크게 상승하였다. 우리나라의 대학입학률이 1995년 41%에서 2012년 69%로 상승 속도가 빠른 편이다.

특히 우리나라 25~64세 성인의 고등학교 이수율(82%)과 고등교육 이수율(42%)은 OECD 평균(고등학교 75%, 고등교육 32%)을 상회하고 있으며, 특히, 25~34세 청년층의 고등학교 이수율은 98%, 고등교육 이수율은 66%로 나타나 OECD 국가 중 최고를 나타냈다.

고등학교 및 고등교육 이수율(2012)

단위: %

구분		25~64세	25~34세	35~44세	45~54세	55~64세
고등학교	한국	82	98	96	78	48
	OECD 평균	75	82	79	73	64
고등교육*	한국	42	66	52	29	14
	OECD 평균	32	39	35	29	24

*고등교육은 전문대학, 4년제 대학, 대학원 석·박사과정을 포함함.
*이수율=(해당 연령의 해당 학력 소지 인구수/해당 연령의 전체 인구수)×100

대학진학률이 전반적으로, 세계적으로 높아지는 것은 산업의 고도화에 따라 안정적인 직업의 경우 더욱 많은 교육을 필요로 하고 있으며, 이를 뒷받침할 정도로 사회적 생산력이 발전하였기 때문이다. 세계적으로 볼 때, 1950년대에 중등교육이 팽창하였다면 2000년대에는 대학 교육이 확대되고 있는 추세이다.

우리나라의 경우 이러한 추세에 더하여 학벌사회의 영향으로 인해 고등교육의 증가 속도가 빨라지고 교육 외적 목적으로 대학 진학이 증가된 부분이 있다. 따라서 고등교육의 위상을 재정립하여 대학 교육의 거품을 제거해야 하겠지만 이것이 고등교육의 대폭적인 축소를 의미하는 것은 아니다. 여전히 고등교육에 대한 요구는 사회의 진보와 함께 증대될 것이기 때문이다. 단 고등교육의 확대 경로가 '고등학교 → 대학교'뿐만 아니라 '취업(생산노동) → 대학 교육', '직업대학 → 대학' 등 평생교육의 관점에서 다양화될 필요가 있다.

둘째, 대학 교육을 기업의 노동력 요구 또는 취업이라는 경제적 관점에서 바라보는 것은 교육을 통한 인간의 전면적 발달이라는 관점과 충돌한다. 초중등교육이 전면적 발달의 기초를 형성하고 민주시민으로서의 기본적인 자질 형성에 중점을 두었다면, 개인의 지적, 실천적 역량을 전문화하고 범위를 확장하는 것은 고등교육 단계에서 비로소 본격화될 수 있다. 따라서 사회적 노동의 형태와 상관없이 인간의 전면적 발달을 추구하는 과정에서 고등교육의 확대는 자연스러운 것이며 사회적으로도 지향해야 할 과제이다. 자본의 요구라는 관점에서 고등교육의 확대를 통제하려는 것은 비교육적인 관점이다.

더욱이 현재 우리 사회의 실업의 성격은 대학 교육의 과잉으로 인해 발생하기보다는 저고용의 산업구조로 변동하는 과정에서 발생하고 있다. 즉 전문계고 졸업자 등 고졸 노동력이 부족하고 대졸 노동력이 과잉된 것이 아니라 전반적으로 고용이 감소하는 방향으로 산업구조가 재편되고 있다. 따라서 고등교육의 확대를 학력 인플레이션론으로 차단하려는 시도는 바람직하지 않다.

대학의 자율성이 사라진다?

독립 사립대학을 정부책임형사립대학으로 전환하고 이들 대학을 대학통합네트워크에 결합하도록 하면 정부의 대학에 대한 통제가 강화되고 대학의 자율성 위축이 나타날 것이라는 우려가 있다. 특히 현재의 상황에서도 교육부가 재정 지원을 지렛대로 하여 대학을 통제하고 대학의 인사에 관여하는데 정부의 대학에 대한 개입력이 더욱 증대할 것이라는 주장이다. 특히 최근 교육부가 대학총장직선제를 간선제로 바꾸려는 시도에서 보듯이 교육부의 개입력은 커질 것이라는 주장이다. 이에 대한 답변은 다음과 같다.

첫째, 정부책임형사립대학은 사학의 투명성과 민주적 운영을 중요 내용으로 하고 있다. 정부책임형사립대학에 대해서는 정부계약을 통하여 지원의 범위를 설정하되, 계획에 따라 법적 지위를 반(半)공립, 반(半)사립의 지위를 갖도록 전환시킨다. 사립학교의 지배구조와 관련해서는 사립대학에 대학 운영위원회(교원 대표, 학생 대표, 직원 대표, 이사회 추천 인사, 교육과학기술부 추천 인사 등 15인 이상으로 구성)를 설치하고, 대학 운영위원회가 교비회계의 예산·결산에 관한 권한, 사립대학의 장 및 교원의 임면에 관한 사항 등에 대해 심의·의결권을 가지도록 한다.[37]

둘째, 사립중고등학교도 정부책임형사립학교라고 할 수 있는데 이학교의 민주적 운영이 시도교육청에 의해서 훼손되고 있지 않다. 오히려 민주적 운영의 위협은 사학재단의 전횡과 부패에서 오고 있다. 2007년 개정된 사립학교법은 이사장의 직계 존비속들이 학교장을 할수 있게 되어 아버지 이사장에, 아내 총장, 아들 교장에, 딸 행정실장, 며느리 교사 등으로 이어지는 족벌 운영을 통한 학교 사유화를 다시 완전히 합법화할 수 있게 되어 있다. 따라서 독립 사립대를 정부책임형사립학교로 전환하는 것을 계기로 사립학교법을 전면적으로 개정해야 할 것이다.

셋째, 대부분의 대학이 국립대학인 유럽의 여러 나라들은 대학의 자율성을 가장 많이 누리고 있을 뿐만 아니라 대학 자율을 대학의 본질로 하고 있다. 특히 국립대학의 경우 자본의 압박과 유혹으로부터 상대적으로 독립되어 대학과 학문의 자율성이 사립대학에 비해 높게 유지되고 있다. 대학의 자율성에 대한 위협은 시장과 독재정부로부터 온다. 따라서 민주적인 정부를 구성할 경우 국립대일수록 시장의 요구로부터 학교와 학문의 자율성을 유지할 수 있다.

그러나 정부책임형사립대학이 될 경우 정부의 공공적 개입은 증대

---

37. 임재홍, 「한국 고등교육정책의 패러다임 전환을 위한 이론·법제·정책 연구」, 교육혁명공동행동연구위원회 자료집, 2013, 31쪽.

할 수밖에 없다. 특히 대학통합네트워크가 구성될 때에는 새로운 대학 체제의 수립 과정이므로 사회와 정부의 공공적 개입은 불가피하다. 그러나 전체적으로 보면 사립대학의 투명성, 공익성이 증대되는 계기가 되고 대학평의회의 활성화를 통해 민주적 운영이 증대하는 계기가 될 것이다.

대학 교육력을 약화시킨다?

공동선발, 공동학위를 중심으로 하는 대학통합네트워크의 구성에 대하여 대학의 학문 연구 경쟁력을 약화시킬 수 있다는 우려가 제기될 수 있다. 하지만 이는 충분히 극복 가능하다.

우선 현재 한국 대학의 성격을 면밀하게 살펴볼 필요가 있다. 현재 전문대를 포함하여 대학 진학율은 80%를 상회한다. 또한 대학 진학자 중 70% 정도가 4년제 대학에 진학하기 때문에 고등학교 졸업자의 50% 이상이 4년제 대학에 진학하고 있는 것이다.

이런 상황에서 대학의 학부가 학문 연구의 역할을 담당한다는 것은 사실 불가능한 일이다. 대학의 학부는 학문 연구가 아니라 교육 기능이 중심이다. 따라서 학생들을 공동선발한다고 해서 대학의 학문 연구 기능에 손상이 가는 것은 아니다.

대학의 학문 연구는 대학원 이후 과정에서 주로 이루어진다. 대학통합네트워크는 대학원 간의 협력과 특성화를 용이하게 할 수 있다. 현재 한국의 대학들은 연구 인력 부족과 재정적 지원이 열악한 상태에서 대학 간의 협력도 부재하기 때문에 학문 연구에 커다란 어려움이 있다. 대학통합네트워크는 오히려 대학 간의 장벽을 제거하여 대학원 수준에서의 대학 간 협력과 특성화를 확대하여 학문 연구 활성화에 커다란 자극제가 될 수 있을 것이다.

대학통합네트워크는 전국 단위로 조직하며(전국 단위의 공동선발, 공동학위), 실제적 운영은 권역별로 한다. 대학 입학에서의 선발 과정은 최대한 광역 계열별로(인문계/자연계 또는 인문계/사회계/자연계/공학계) 한다. 대학 진학 이후 대학 전공을 염두에 두고 대학 1학년 교양과정(전공교양)을 이수하게 한 이후에 그 결과를 바탕으로 학과나 학부를 선택하도록 한다. 학과나 학부 정원의 탄력적 운영, 복수전공과 부전공의 활용 등을 통해 학생들의 요구를 최대한 수용하며, 인기학과의 경우 진급을 엄격하게 하는 유급제도를 통해 쏠림 현상을 방지한다. 법학, 의학, 교육, 행정 등 공공 분야의 전문 분야는 전문대학원을 설치하여 운영한다. 이와 같이 학부과정에서 기초교양과정과 전공과정을 내실화하고, 대학원 단계에서 권역별 네트워크 구축과 협력적 연구를 활성화함으로써 대학통합네트워크는 학문 연구 발전의 새로운 동력을 확보하게 될 것이다.

제4장

입시혁명,
멀지
않았다

입시폐지-대학평준화는 상당한 시간 동안의 실천과 이론 활동이라는 역사가 있고, 최근에 이르러 대학평준화 운동은 급속도로 발전하였고 진화되고 있다. 사회적으로 공감대를 지속적으로 확대하고 있으며, 대학평준화의 경로가 구체적이고 현실성이 강화되면서 입시폐지-대학평준화의 전망은 밝아지고 있다.

1.
대중운동에서
대선 공약으로

2004년 『공교육 새판 짜기』

입시폐지-대학평준화 운동은 10년이 넘는 역사를 가지고 있다. 입시 경쟁 교육 해소에 대한 요구는 대학 서열 체제가 형성된 때부터 시작되었고 초중등교육 정상화, 사교육비 해소를 명분으로 내걸고 입시 제도 개편이 십여 차례 진행되기도 하였다. 그런데 입시폐지-대학평준화가 입시 경쟁 교육 해소의 방안으로 등장한 것은 2004년 '공교육 개편안'이 수립되고 이를 실현하기 위한 운동이 진행되면서부터라고 할 수 있다. 2003년 'WTO 교육 개방 저지와 교육 공공성 실현을 위한 범국민연대'가 대입자격고사와 국립대통합네트워크를 공교육 개편의 핵심적인 과제로 하는 『공교육 새판 짜기』를 2004년에 출간함으로써 대학평준화 운동은 본격적으로 의제화되기 시작하였다.

『공교육 새판 짜기』는 공공성, 민주성, 사회적 생산성, 국민기본권을 강화하는 기조에서 대학 서열 체제 타파-대학입학자격고사의 도입, 통합중등학교 체제로의 전환을 핵심적인 교육 개편의 상으로 제시하였다. 유아교육에서부터 평생교육까지 공공성에 입각하여 포괄한 교육 개편 방안이었다. 무엇보다도 대학평준화와 대입자격고사를 처음으로 체계화했다는 점에서 특별한 의미를 가진다.

이와 동시에 경상대학교에서 『대학 서열 체제 연구와 진단』이 출간되어 대학 서열 체제에 대한 이론적 분석이 진행되었고, '대학 서열 체제 혁파 방안-국립대통합네트워크방안(정진상)'이 제출되면서 대학평준화 논의는 이론적으로 정교화되기 시작하였다.

2007년 입시폐지대학평준화국민운동본부 결성

공교육 개편안에서 제출된 대학평준화는 교육단체와 시민단체들 사이에서 확산되어 교육 체제 개편의 핵심 의제로 위치를 잡아갔다. 이후 시민사회단체들은 학벌사회의 주요 원인을 대학 서열 체제로 지목하면서 본격적으로 공론화에 나섰다. 이러한 활동의 연장선상에서 2007년 대통령 선거를 계기로 입시폐지대학평준화국민운동본부가 결성되어 대학 서열 체제 해소를 정치적 의제로 부상시키기 시작하였다.

입시폐지대학평준화국민운동본부는 2007년 여름에 대학평준화를 위한 교육 대장정을 실시하였고, 겨울에는 수능시험을 전후로 입시폐지문화제를 개최하면서 입시폐지 운동을 조직적인 사회운동으로 발전시켰다.

입시폐지대학평준화국민운동본부는 2007~2009년에 3차례 '입시폐지-대학평준화 따르릉 자전거 대장정'을 진행하였고, 2007년에서 2010년까지 대학수학능력시험을 치르는 11월에 입시폐지문화제를 개최하였다. 자전거 대장정 시기의 요구 사항과 구호는 다음과 같았다.

연도	주요 구호
2007	• 학벌 학력 간판을 부수자! • 학벌 철폐로 차별 세상 끝장내자! • 입시폐지로 아이들을 살리자! • 대학평준화로 사교육비 없애자! • 한 번의 시험으로 인생 결정 나는, 미친 세상 갈아엎자!
2008	• 0교시, 우열반 미친 교육 갈아엎자! • 이제는 교육혁명 입시폐지, 대학평준화! • 초중등은 입시폐지 대학은 평준화, 무상화! • 교육과정개혁, 과감한 교육 투자로 한국 교육 업! • 사교육, 시험지옥 안녕 교육혁명 고고싱!
2009	• 경쟁 위주 교육정책 반대 • 자율형사립고, 입학사정관제 반대

공교육 개편안을 제안하였던 범국민교육연대는 입시폐지-대학평준화를 2007년 대선 공약으로 할 것을 각 정당에게 요구하였다.

2007년 대선, 정당 공약화

교육단체와 사회단체의 공약화 활동으로 2007년 대선에서 민주노동당은 대학평준화와 입시제도 개편을 공약으로 발표하였고, 자유주의 정당인 민주당도 이를 부분적으로 수용하였다.

▶민주노동당 권영길 후보 공약(2007년)

■ 대학평준화의 형태
• 통합전형
- 계열별 전국 단위 통합전형
- 평준화와 비평준화의 공존 단계: 수능이나 내신 중 하나를 자격고사
  화, 현행 입시제도 유지
- 평준화의 완성 단계: 고교졸업자격검정(절대평가, Pass/Fail), 입시폐
  지의 단계
• 학교 및 전공 선택 후 배정
• 재학 중
- 학점 교류 확대, 전학 및 전과 허용
• 공동학위 수여

진보 정당인 민주노동당의 권영길 후보는 국립대통합네통합네트워
크 방안을 수용하여 이를 공약으로 제시하였다. 계열별로 전국적으로
통합전형을 하고, 자격고사 합격자를 대상으로 학교 및 전공을 선택하
게 한 후 배정하고, 재학 중에는 학점 교류 및 전학을 허용하여 졸업
시에 공동학위를 수여하는 내용으로 설계되었다.

▶민주당 정동영 후보 교육 관련 대선 공약(2007년)

• 대학입시를 폐지, 일반 수능(수학능력시험)을 고교졸업자격시험으로
  전환
• 청소년 방과 후 아카데미 시행 전면 확대

- 위기 청소년을 위한 통합 지원 체계 내실화
- 학자금 무이자 대출 전면 확대
- 0세부터 고교까지 무상교육·보육
- 대학원 중심 대학·교육 중심 대학(학부 중심 대학: 부실한 연구소, 대학원 과감하게 정리)·평생 및 직업교육 중심 대학으로 대학을 특성화

정동영 후보(민주당)는 입시지옥에서 청소년이 벗어나도록 하는 것을 청소년 정책의 우선적인 목표로 설정하고 대학입시 폐지를 공약화하였다. 그리고 대안으로 수학능력시험을 고교졸업자격시험으로 전환하는 것을 제시하였다. 대학 서열 체제 해소에 대한 정책이 구체화되지는 않았지만 자격고사로 전환하는 방안을 제시했다는 점에서 의미가 컸다.

진보 정당과 자유주의 정당의 대선 공약화를 계기로 입시 경쟁 교육을 해소하고 대학 서열 체제를 청산하려는 활동은 새로운 국면으로 접어들었다. 즉 교육단체와 사회단체 등 사회적 차원의 의제화와 공론화로부터 정당의 정치적 공약으로 공식화된 것이다.

그러나 2007년 대선에서 이명박 후보가 대통령으로 당선되면서 대학평준화의 공약은 현실 무대로 등장하지 못했으며 입시폐지 대중운동도 정체 상태에 머무르게 되었다. 이명박 정부는 대학 서열 체제 해소가 아니라 오히려 대학 서열화를 가속화하는 대학 구조조정 정책을 추진하였고 이 정책은 박근혜 정부에 와서 전면적으로 시행되고 있다. 그런데 이 정책은 앞에서 살펴본 것처럼 대학을 평가하여 하위 등급 대학을 퇴출시키는 것이다.

2.
입시개혁을
넘어
대학개혁으로

대학 공공성 강화 운동 본격화

2011년 이명박 정부가 서울대의 법인화를 추진하자 교육 주체들은 국립대학의 민영화 시도에 맞서 서울대 법인화 반대-대학 공공성 강화 운동을 전개하였다. 그리고 이 시기 광범위하게 진행된 대학생들의 반값 등록금 운동-등록금 폐지 운동(대학 무상화)과 연대하면서 대학 주체들은 대학 공공성 강화 운동을 본격적으로 전개하였다.

서울대 교수, 대학 교직원, 학생들과 교육 공공성을 요구하는 교육 단체들이 결합하여 법인화 반대 투쟁을 전개하였다. 특히 서울대 총학생회는 몇 년 만에 비상학생총회를 성사시키면서 대학 법인화를 반대하고 대학본부를 점거하고 농성을 전개하였다. 이 과정을 통해 서울대 법인화 반대는 사회적 쟁점으로 등장하였다. 서울대 법인화 반대 투쟁을 계기로 '국립대 법인화 반대-대학 등록금 인하-교육 공공성 실현 공동행동'이 결성되었고 여기에 광범위한 사회단체들이 참여하였다.

또한 이 시기 비싼 대학 등록금으로 인한 고통이 가중되면서 대학생들이 반값 등록금 투쟁에 나섰다. 2010년 진보 교육감으로 당선된 6개 시도 교육감들이 무상급식을 전국적으로 확대하면서 교육에 대한 국가책임론과 교육복지가 사회적 의제로 대두되었다. 이러한 상황에서 학교별로 진행되던 대학생들의 등록금 인상 저지 투쟁은 정부를 상대로 한 반값 등록금 투쟁으로 발전하였다. 여기에 『미친 등록금의 나라-반값 등록금 당장이라도 가능하다』라는 책이 대학교육연구소에서 출간되고 사회적으로 공론화되면서 반값 등록금은 교육 주체들에게 주요 이슈가 되었다.

이러한 정세적 상황에서 '국립대 법인화 반대-대학 등록금 인하-교육 공공성 실현 공동행동'은 2011년 7월 15박 16일의 전국 대장정을 진행하였다. 대장정은 부산과 목포를 출발하여 15박 16일 동안 도보로 서울까지 오르는 일정이었다. 대장정 기간 동안 '아침 출근 홍보 활동-교육청 기자회견-주요 지역 선전 활동-지역단체 간담회(노동자 민중의 투쟁 현장 방문)-촛불집회(토론회)'를 진행하면서 서울까지 올라오는 여정이었다. 전국 대장정의 주요 구호는 시기에 따라 강조점의 변화가 있었지만 ▶입시폐지·대학평준화 ▶대학 등록금 폐지, 국립대 법인화 반대 ▶특권 학교·경쟁 교육 철폐 ▶비정규직 정규직화·정리해고 철폐를 제시하였다.

교육혁명공동행동 출범과 대장정

2012년에 총선과 대선이 있었으므로 이 시기 입시폐지-대학평준화 운동도 한층 역동적으로 진행되었다. 2012년 '국립대 법인화 반대-대학 등록금 인하-교육 공공성 실현 공동행동'은 교육의 근본적 개편을 모색하는 '교육혁명공동행동'으로 확대 개편되었다. 교육혁명공동행동은 2004년에 발간되었던 『공교육 새판 짜기』를 한층 더 발전시켜 2012년에 『대한민국 교육혁명』을 출간하였다. 『대한민국 교육혁명』은 신자유주의 교육과의 대결 속에서 풍부화된 교육 공공성 패러다임을 제시하였고 협력과 발달에 근거한 교육, 공공성과 민주주의에 입각한 교육 체제를 대안으로 제시하였다.

특히 『대한민국 교육혁명』의 대학평준화 방안은 민교협, 교수노조, 입시폐지대학평준화국본, 전교조의 관련 연구자들과 실천가들이 여러 차례 논의를 통해 실현 경로를 구체화한 것으로 이전과 비교하여 일보 전진한 것이었다.

『대한민국 교육혁명』 출간을 계기로 전국 각지에서 북 콘서트를 개최하였으며 교육의 근본적 변화를 요구하는 시민들과 소통하고 확산하였다. 이 연장선상에서 교육혁명공동행동은 2012년에 두 번째 교육혁명 대장정을 13박 14일로 진행하였다. 교육혁명 대장정은 부산과 제주에서 출발하여 14일 동안 서울로 행진해 올라오는 여정이었다.

이러한 대중운동의 전개와 함께 교육혁명공동행동, 교육운동연대 등 교육단체들은 2012년 총선과 대선을 맞이하여 총·대선연석회의를 구성하였다. '총·대선연석회의'에는 '행복세상을여는교육연대/교

2012년 교육혁명 대장정 일정

날짜	지역	
	동부	서부
7. 25(수)	부산	제주, 강정, 서귀포
7. 26(목)	진주, 마산, 창원	목포, 무안, 나주
7. 27(금)	김해, 양산, 밀양	여수, 광양, 순천
7. 28(토)	울산	광주, 장성, 담양
7. 29(일)	경주, 포항, 영천	고창, 정읍, 전주
7. 30(월)	대구	김제, 군산, 익산
7. 31(화)	구미, 김천, 상주	논산, 공주, 대전
8. 1(수)	안동, 영주	대전
8. 2(목)	보은, 청주, 진천	보령, 아산, 천안
8. 3(금)	음성, 충주, 제천	평택, 오산, 수원
8. 4(토)	원주, 삼척, 동해	안산, 안양, 성남, 과천
8. 5(일)	강릉, 춘천	광명, 고양, 부천
8. 6(월)	춘천, 포천, 의정부	인천
8. 7(화)	노원, 건대, 강남, 서울대, 서울역	목동, 신도림, 국회, 홍대
	대장정 보고 대회	

육혁명공동행동/교육희망네트워크/친환경무상급식풀뿌리연대/비리사학척결과부패재단복귀저지국민행동'등 교육단체들의 대부분이 참가하였다. 이들 단체는 2012년 교육정책제안서를 공동으로 작성하여 3대 핵심 요구와 7대 주요 요구를 각 정당에게 제안하였다. 교육단체의 3대 요구에는 대입자격고사의 도입과 대학통합네트워크로 대학 체제의 개편이 포함되어 있었다.

	2012 총·대선 승리 교육운동연석회의 교육정책 제안[38]
대학 등록금 대폭 인하-유초중등교육 무상교육 실시	"2015년까지 국공립대와 정부지원사립대를 100개 대학 이상, 총 대학 정원의 50% 이상으로 확대하고, 대학 등록금을 고등학교 등록금 수준으로 대폭 인하하겠습니다"(공약 9).
대입자격고사-공동학위대학(대학통합네트워크) 체제 전환	국립대와 정부지원사립대를 결합하여 대학통합네트워크(공동학위대학)를 구성하고, "입시제도를 대학입학자격고사체제로 전환하여 입시 경쟁 교육과 대입 사교육을 해소하겠습니다."(공약 10)
혁신학교 확대와 자사고, 특목고 폐지	"귀족학교 정책을 폐기하고 모두를 위한 혁신학교를 확대하겠습니다."(공약 8)

대학평준화, 대선 공약화

이러한 교육단체들의 활동의 결과 진보 정당과 자유주의 정당은 입시를 완화하고 대학 서열 체제 해소를 담은 공약을 사회적으로 제출하기에 이르렀다. 진보 정당은 2012년 대선 후보에서는 모두 사퇴하였지만 대선 후보 출마 시 대선 대학 관련 공약에는 대입자격고사화, 대학평준화 방안을 공약으로 제시하였다.

▶진보정의당 심상정 후보(2012. 10 대선 출마 선언문)

• 등수 없는 교육, 학벌사회 해체를 위한 교육혁명 대장정을 시작하겠습니다.

---

38. 2012 총대선 승리 연석회의, 정책 제안서 자료집, 2012.

- 학력차별 금지법, 국공립대 통합을 통한 대학개혁으로 학벌과 입시 문제를 해결하겠습니다.

▶통합진보당 이정희 후보(2012. 10 중앙선관위 정책 공약 알리미 제출 자료)

• 대학 서열화와 고질적인 학벌 체제를 극복
• 국립대통합네트워크로 서열화·사교육 없는 교육 체계 구축
- 통합전형, 통합학점, 통합학위('3통' 방안)로 운영되는 국립대통합네트워크 전면화
- 국립대 교과과정과 차별이 없는 사립대는 자율성을 최대한 보장하는 대신 국가 지원을 점진적으로 축소: 과도기 동안 정부지원형사립대 유지
- GDP 대비 교육 재정 확대와 사립대 지원금의 국립대 전환을 통해 국립대 무상교육 지향

민주당의 문재인 후보는 정부책임형사립대의 육성과 대학연합체제 건설을 통한 대학 서열 타파를 공약화하기에 이르렀다.

▶문재인 후보 '대학 교육 10대 공약:
대학의 공공성을 살려 미래의 문을 열겠습니다' 중

• 보편적 반값 등록금을 실시하여 학부모와 학생의 교육비 부담을 줄이면서, 고등교육의 질을 높일 수 있는 대학개혁의 근거를 마련하겠습니다.

- 대학연합체제를 만들어서 불합리한 대학 서열을 타파하고 사교육비를 획기적으로 줄이겠습니다. 대학연합체제에 포함된 대학들은 중장기적으로 입시, 교과과정, 학위를 공동으로 관리하여 보편적 고등교육을 실천하는 핵심적 대학으로 발전하게 될 것입니다.
- 희망하는 사립대에 대해서는 정부책임형사립대로 육성하겠습니다. 국공립대학과 정부책임형사립대학이 임기 중에 전체 고등교육기관의 30%에 이르도록 하고, 장기적으로는 50%를 목표로 하겠습니다.
- 지방대학들을 획기적으로 육성하여 지역 균형 발전을 실현하겠습니다. 지방대학 졸업생에게는 해당 지역 공기업 채용에 30% '지역인재 할당제'를 실시하겠습니다. 민간 기업에도 채용 때 표준 이력서와 블라인드 채용제 도입을 권장하겠습니다.

진보 정당은 2007년 대선에서 권영길 후보가 대학평준화 방안을 제시한 데 이어 2012년 총선과 대선에서도 대학 서열화와 고질적인 학벌 체제 극복을 핵심 공약으로 제시하였다. 이로써 진보 정당에서는 대학평준화가 핵심적인 교육 공약으로 확고하게 자리를 잡았다.

민주당은 2012년 대선에서 '국공립대를 정원의 50%, 정부의존형사립대학을 30% 이상으로 만들고 '대학연합체제' 구축을 통해 대학 서열화를 해소하겠다는 것을 공약으로 제시하였다. 이는 2007년 대선 때 민주당 정동영 후보의 '고교졸업자격고사의 실시'를 뛰어넘는 것으로 공공적 대학 체제의 수립을 지향하는 진일보한 공약이었다.

---

39. 통합진보당, 「공교육만으로 대학 가는 시스템을 만들겠습니다」(19대 총선/교육공약 발표자료집, 2012. 3).

이와 같이 2012년 총선에서 진보 정당과 주요 야당이 대학통합네트워크를 공약화하면서 대학 서열 체제 해소는 바야흐로 정치적 공약화 단계로 들어섰다.

그러나 2012년 대선에서 문재인 후보가 박근혜 후보에게 패배함으로써 입시폐지-대학평준화는 또다시 공약집으로부터 현실로 나오지 못하였다. 그렇지만 새누리당도 비싼 대학 등록금에 대한 국민들의 부담과 복잡한 입시제도로 인한 학생들의 고통을 부분적으로 선거공약에 반영할 수밖에 없었다. 공약의 실현 여부와는 별개로 대학 반값 등록금과 대학입학제도의 단순화를 공약화하게 되었다.

2012년 이후로도 쭉 전국적인 교육혁명 대장정이 지속되었고 이를 통해 입시폐지-대학평준화의 주체들이 확대되어왔다. 더욱이 교육혁명 대장정을 통해 입시폐지-대학평준화 등 우리 교육의 구조적 개편에 대한 국민적 공감과 동의가 확산되어왔다.

2013	2014	2015
교육 위기 극복과 대학 공공성 강화를 위한 2013 교육혁명 대장정	진보 교육 실현과 대학 공공성 강화를 위한 2014 교육혁명 전국 대장정	입시폐지·대학평준화와 대학 공공성 강화를 위한 2015 교육혁명 전국 도보 대장정
▶ 특권 학교·경쟁 교육 폐지 ▶ 등록금 폐지·대학 구조조정 반대 ▶ 입시폐지·대학평준화 ▶ 비정규직 정규직화·정리해고 철폐	▶ 대학 구조조정 반대·공공적 대학 체제 개편 ▶ 입시폐지·대학평준화 ▶ 특권 학교 폐지·무상 교육 실현 ▶ 전교조 법외노조 철회·비정규직 정규직화	▶ 무상교육 실현-대학 등록금 폐지 ▶ 특권 학교 폐지-고교 평준화 재정립 ▶ 교육 부문 비정규직 정규직화-교사·교수·공무원 노동기본권 쟁취
서울, 부산, 춘천, 목포 출발-세종시 집결 (8박 9일)	서울, 창원, 제주 출발 (3박 4일)	부산, 목포 출발 (15박 16일)

3.
세월호와
진보 교육감

2014년 교육감 선거가 실시되었다. 교육감 선거는 세월호 참사 직후에 실시되었다. 세월호 참사를 겪으면서 진보 교육감 후보들은 입시 고통을 해소하겠다는 공동 공약을 발표하였다. 그리고 이를 위한 방안으로 대학 서열 체제 및 학벌구조 해소, 대학입학자격고사 도입 추진을 핵심 공약으로 제시하였다.

▶민주진보 교육감 후보 공동 3대 핵심 공약[40]

1. 입시 고통 해소, 공교육 정상화
(1) 고입 고통 해소
- 고교평준화 확대, 고입선발고사 폐지, 자사고 폐지, 특목고 정책 전면
  전환

---

40. 민주진보 교육감 후보 공동 기자회견 자료, 2014. 6.

(2) 대입 고통 해소
  - 대학입시를 내신과 수능으로 단순화, 임기 말까지 유럽식 대학입학자
    격고사 도입 추진
(3) 대학 서열 체제 및 학벌구조 해소
  - 지방대학의 균형 발전, 국공립대통합네트워크를 통해 대학 서열 체제
    해소
  - 학벌구조 해소를 위한 범국가적 공동협의기구 구성
(4) 사교육 고통 경감
  - 학원 교습 시간 단축으로 '저녁과 주말이 있는 삶' 보장
  - 입시제도 개편으로 사교육 수요 해소

이러한 공약은 이미 경기도 김상곤 교육감이 초중등교육 정상화를 위해서는 대학 체제의 개편이 필요하다는 입장을 표명한 적이 있었다. 그런데 여기에서 한 걸음 더 나아가 초중등교육의 수장인 교육감들이 대입자격고사와 대학 체제 개편을 공동 공약으로 약속했다는 것은 매우 의미 있는 일이었다.

이러한 공약과 함께 치러진 교육감 선거에서 17개 시도 중 13개 시도에서 민주진보 교육감이 당선되었다. 이는 전체적으로 경쟁주의 교육으로부터 협력과 발달의 교육으로 패러다임이 이동한 것일 뿐만 아니라 입시제도 변화의 중요한 토대가 갖추어졌다는 것을 의미한다. 또한 교육감 선거 이후 조희연 서울시교육감은 공동 공약의 일환으로 초중등교육 정상화를 위한 대학 체제 개편 방안을 연구하여 공론화하고 있다.

초중등교육을 직접 관장하는 교육감들이 대거 대입자격고사를 요

구함으로써 '고등학교 졸업-대학의 선발'이라는 양 축 중 한편의 준비가 완료되었다. 즉 대학입학 자료를 제출하는 초중등교육 쪽에서는 대학입학자격고사 도입에 준비가 갖추어졌다는 것을 의미한다.

　이제 대학들이 학생 선발을 대입자격고사로 단순화하여 입시 경쟁 해소의 대열에 합류하는 일이 남아 있다.

4.
상황은
입시혁명으로
나아가고 있다

그동안 입시폐지 투쟁과 대학 공공성 강화 운동을 계기로 대학평준화-대입자격고사가 실현될 조건들이 비약적으로 성숙하고 있다. 정당의 공약에서뿐만 아니라 대학평준화와 대학입학자격고사로 이행할 수 있는 조건들이 하나씩 하나씩 갖추어지고 있다.

반값 등록금과 정부책임형사립대 법안

대학통합네트워크로 이행하기 위해서는 국립대학뿐만 아니라 사립대학의 동의와 참여가 필수적이다. 이를 위해서는 독립 사립대학들이 정부책임형사립대로 전환해야 한다. 그런데 이를 위한 조건들이 지난 몇 년간 빠른 속도로 갖추어지고 있다. 먼저 정부책임형사립대로 전환할 것에 대한 대학 주체들의 인식이 분명해지고 있고 심정적 동의를 넘어 현실적 요구가 되고 있다는 점이다.

또한 정부책임형사립대로 전환하기 위해서는 사립대학교에 교직원 인건비와 교육과정 운영 지원비로 정부의 예산이 대거 투입되어야 한다. 그런데 이러한 예산이 대학생들의 등록금 투쟁을 통해서 국가장학금 형태로 확보되었다는 점이다. 최근 2년 동안 정부가 매년 3조 원이 넘는 돈을 대학에 국가장학금으로 투입하면서 생겨난 변화이다. 대학 주체들의 반값 등록금 투쟁으로 2012년 대선에서 반값 등록금이 이슈가 되자, 각 정당 대선 후보들은 '대학 등록금 반값 '또는 '반값+@'를 공약화했었다. 박근혜 대통령도 제대로 이행하지 않고 있지만 이를 공약화했으며, 이에 따라 2014년도부터 국가장학금으로 3조 5000억 원의 정부 예산이 투입되고 있다.

박근혜 정부 반값 대학 등록금 공약 이행 상황

	공약 내용	현실	비고
2014년	정부 예산 4조 원, 대학 예산 3조 원 확보	국가장학금 3.5조 원 편성 대학 예산 0.85조 원 편성	
2015년		국가장학금 3.6조 원 편성 대학 예산 미집계	

국가장학금 제도의 문제점은 학교의 설립 주체인 지방자치단체, 사립학교법인이 부담해야 할 전입금을 국가가 대납해준다는 것이다. 대납을 해주는 것이 법적으로 문제가 될 것은 없으나 공공적 가치를 전혀 반영할 수 없는 정책적 한계가 있다. 즉 고등교육기관에 대한 지원을 통해서 고등교육기관의 공공성을 높일 수 있는 다양한 정책을 구사할 수 있는 기회를 상실시켜 버리고 만다.

따라서 국가장학금을 고등교육보조금 예산으로 사용하여 사립대학을 정부책임형으로 전환시키면 반값 등록금의 효과뿐만 아니라 사립대학의 고질적인 병폐를 해결해가는 일석이조의 효과를 낼 수 있다. 현재 확보된 3조 5000억 원의 예산이라면 정부책임형사립대학 정책을 펴나가는 데 충분하지는 않지만 일정한 효과를 발휘할 수 있는 규모라고 할 수 있다.

이 예산을 국가장학금 방식이 아니라 정부가 직접 대학에 교직원 인건비 및 학교 운영비로 지원할 경우 국가정책에 대한 사립대학들의 동의와 참여를 이끌어낼 수 있는 기반이 넓어지게 된다.

이를 달성하기 위한 법안들이 이미 19대 국회에 제출된 바 있다. 민주통합당은 19대 국회 임기 첫날인 5월 30일에 민생 공약 8대 의제와 19개 민생 법안을 소속 의원 127명 전원이 서명하여 발의했는데, 그중에 첫 번째 법안이 반값 등록금 실현을 위한 '고등교육재정교부금법(안)'이다. 또한 통합진보당도 국회의원 12명 명의로 별도의 고등교육재정교부금법안을 제출하였다. 이 법이 제정될 경우 예산을 지원받는 사립대학은 정부책임형사립대로 전환되는 것이다. 이러한 것을 종합적으로 고려하면 우리는 어느새 정부책임형사립대학을 도입할 수 있는 대학 체제 개편의 문 앞에 도달해 있다.

▶고등교육재정교부금법 주요 내용

• 이 법은 고등교육기관의 운영에 필요한 재원의 전부 또는 일부를 국가가 교부하여 고등교육의 공공성 확대 및 균형 발전을 도모함을 목적으로 함.

- 교육과학기술부장관은 보통교부금 교부를 신청한 대학에 해당 연도
학생 1인당 등록금의 2분의 1 이상의 금액에 등록 학생 수를 곱한 금
액을 교부하고 보통교부금은 고등교육기관의 학생 1인당 등록금 경감
을 위한 사업, 고등교육기관의 교직원의 급여 등 처우 개선을 위한 사
업, 고등교육기관의 전임교원 확보율 확대를 위한 사업, 고등교육기관
의 시간강의료 및 시간강사 처우 개선을 위한 사업 등에 교부하고 특
별교부금은 저소득층 장학금 지원, 고등교육 여건 개선, 지역 간 균형
발전, 특성화 교육의 개선 및 육성 등의 목적 달성을 위해 교부하도
록 함.

공동학점 교류의 확산

대학통합네트워크는 '공동선발-공동학점-공동학위'를 기본적 내용
으로 한다. 이러한 기조가 지켜지는 범위에서 여러 가지 현실적 모형
들이 만들어질 것이다. 그런데 여기에서 두 번째 과정인 '공동학점'이
최근 급진전되고 있다.

2016년 1월 서울총장포럼은 '서울총장포럼 회원대학 학점 교류에
관한 협약'을 체결했다. 이번 학점 교류 협약에 따라 앞으로 23개대 소
속 학부생들은 교류 대학 전체 강의를 대상으로 원하는 강의를 수강
할 수 있게 된다. 정규 및 계절학기를 통해 한 학기당 6학점까지 수강
이 가능하며, 졸업 학점 중 절반 이내를 교류학점으로 딸 수 있다. 교
류 대학에 수학 허가를 받은 학생들은 소속 대학에만 등록금을 납부
하면 된다. 단 계절학기 수강료는 교류 대학에 납부한다. 이번 학점 교

류 협약은 대학 간 크고 작은 벽을 허물고 대학의 교육 자원 공유를 통해 교육 수혜자들이 고등교육의 기회를 폭넓게 가질 수 있도록 하기 위한 대규모 협약이다.[41]

해당 교류 대학은 ▲가톨릭대 ▲건국대 ▲광운대 ▲동국대 ▲명지대 ▲삼육대 ▲상명대 ▲서강대 ▲서경대 ▲서울과학기술대 ▲서울시립대 ▲서울여대 ▲성공회대 ▲세종대 ▲숙명여대 ▲숭실대 ▲이화여대 ▲중앙대 ▲추계예대 ▲KC대(구 그리스도대) ▲한국외대 ▲한성대 ▲홍익대 등 23개 대학이다.

이전에도 대학 간 학점 교류가 있었지만 졸업 학점의 절반까지 교류 학점으로 인정함으로써 대학 간 교류와 연대에서 획기적인 진전이 이루어졌다. 이 협약의 배경에는 여러 가지 요인이 작동하고 있지만 단기적으로 '학교 간 경계가 허물어지고 교육 기회 격차가 줄어드는 효과가 있을 것'이고 대학통합네트워크의 물질적 기반을 강화할 것이라는 점은 분명하다. 대학 구조조정 과정에서 추진되는 학점 교류 확대가 의도하지 않았을지라도 대학 서열 체제 해소와 새로운 대학 체제의 기반을 탄탄하게 다져주고 있다.

---

41. 『한국대학신문』, "원하는 어느 대학에서나 학점 딸 수 있다", 2016. 1. 21.

절대평가의 확산

대입자격고사로 이행하기 위해서는 상대평가가 지양되고 절대평
가로 전환되어야 한다. 대학입학자격고사는 합격과 불합격을 나누
는 2단계 절대평가이다. 따라서 상대평가에서 절대평가로의 이행은
대입자격고사 도입의 교두보가 되는 것이다. 우리나라의 평가제도는
서열화된 대학 체제로 인해 내신과 수능시험 모두 상대평가제도로 정
착되어왔다. 나아가 대학들은 변별력을 강화할 목적으로 어려운 수능
시험을 요구하기도 하였다. 그렇지만 상대평가 제도는 학생들 간의 무
한 경쟁을 본질로 하기 때문에 과도한 학습 노동을 그림자처럼 동반
한다. 또한 학생의 발달과 이해 수준을 파악한다는 평가의 목적과 달
리 줄 세우기와 선발의 수단으로 평가를 왜곡시킨다. 결국 상대평가
의 이러한 문제점으로 인해 교육계에서는 절대평가로의 전환을 지속
적으로 요구하였고, 마침내 절대평가가 대학입시에도 도입되기 시작
하였다.

그런데 학생부 내신과 수능의 절대평가제도의 전환은 우리가 예상
했던 것보다 더 빠른 속도로 진행되고 있다. 2012년 중학교 1학년부터
성취평가제가 도입되었고 2014년에는 고등학교 보통 교과에 성취평가
제가 도입되었다. 그리하여 2016년에는 고교 3학년까지 전 학년에 걸
쳐 성취평가제가 도입되었다.

또한 2018년부터 수능시험도 한국사와 영어 과목의 경우 절대평가
를 도입하게 되었다. 영어 절대평가 도입은 이후 수학뿐만 아니라 전
과목 절대평가 실시로 논의가 확장될 것이다. 상대평가에서 절대평가

로의 전환은 교육과정 개편을 동반하는 것이 아니기 때문에 사회적 합의만 있으면 곧바로 전체 수능으로 확대시킬 수도 있다.

학생부	수능
성취평가제 도입(2012년 중1부터 도입 ~2016년 고3 도입 완료)	수능 한국사, 영어 절대평가 2018년 입시부터 적용

내신과 수능의 절대평가 체제로의 전환은 대입자격고사로 가는 중대한 장애물이 제거되었다는 것을 의미한다. 이제 남은 과제는 절대평가의 등급을 9단계에서 5단계 이하로 압축하고, 최종적으로 합격과 불합격 두 개의 등급으로 축소하는 것이다. 절대평가제로의 전환은 도입 초기부터 대학 서열 체제 완화로 작용할 것이다. 그리고 절대평가의 등급수가 감소할수록 대학 서열 체제도 몇 개의 무리로 재편될 것이고 최종적으로는 모든 대학이 평준화로 향하게 될 것이다.

참교육연구소의 절대평가에 대한 의견 조사 결과에 따르면 영어와 수학의 절대평가 도입과 대입자격고사로의 전환에 대해 교사와 학생들의 다수가 이에 찬성하는 것으로 나타났다. 교사의 경우 절대평가 확대와 대입자격고사 도입에 대해 과반수 이상이 찬성하고 있고, 학생들의 경우에도 '모르겠다'를 제외하면 찬성의 비율이 반대에 비해 1.4~3배가량 나타나고 있다.

대학 입시제도 개편 방향에 대한 고1 학생 및 고교 교사 의견 조사 결과[42]

		찬성	반대	모르겠다
수능에서 영어 과목 절대평가 전환에 대하여 어떻게 생각하십니까?	학생	59.1	24.8	16.1
	교사	68.4	22.3	9.3
수학 과목을 절대평가로 전환하는 것에 대해서 어떻게 생각하십니까?	학생	48.7	32.6	21.6
	교사	57.9	32.9	9.2
대학입시를 유럽의 나라들처럼 합격과 불합격으로 구분하는 대입자격고사로 전환하는 것에 대해서는 어떻게 생각하십니까?	학생	45.8	13.2	40.9
	교사	56.8	20.0	23.2

결국 교사와 학생들은 절대평가의 도입과 대입자격고사로의 전환을 압도적으로 지지하는 것으로 나타났다.

42. 참교육연구소, 「대학 입시제도 개편 방향에 대한 고1 학생 및 고교 교사 의견조사 결과」, 2015. 12.

5.
입시혁명
−대학평준화의
경로

대학 서열 체제 개편은 우리 사회 핵심적인 제도의 개편으로 사회적 위치에 따라 찬성과 반대가 명확한 사안이다. 따라서 대학평준화와 입시혁명은 광범위한 국민적 논의 과정, 사회적 동의의 조직화 과정 그리고 이를 바탕으로 정책을 추진하고 법과 제도를 바꾸는 일련의 과정이 동반되어야 한다. 또한 대학 체제 개편은 대학 공공성을 강화하는 것이기 때문에 고등교육 재정을 증대하여 OECD 국가 수준으로 상향해야 한다. 즉 추가적 교육 재정을 확보해야 하는 사안이므로 국민적 공감대를 형성해야 한다.

따라서 이러한 거대한 과제가 이론의 영역에서 현실의 영역으로, 담론의 수준에서 정책의 차원으로 전진하기 위해서는 정당이 이를 공약화, 정책화해야 한다. 입시혁명은 교육 체제의 지각을 변동시키는 사안이기 때문에 국회의원 선거와 대통령 선거 등을 계기로 시작할 수밖에 없다. 선거의 공약으로 제시할 때 이 정책에 대한 지지자를 결집할 수 있고, 당선 이후 이 정책을 밀고 나갈 동력이 강화되는 것이다.

공약을 내세운 정당과 후보가 선거에 승리할 때 비로소 이 정책은 집행 단계로 넘어서며 이때부터 구체적인 현실화 경로를 둘러싸고 공방이 벌어지게 될 것이다.

입시혁명과 대학평준화의 특성상 총선과 대선을 전후로 입시폐지 운동도 활성화되었으며 대중적 관심도도 높아졌다. 2007년 대선을 전후로 입시폐지 대학평준화 운동이 본격화되었으며, 2012년 대선에서도 주요 정당의 후보들이 이를 공약화하는 데까지 전진할 수 있었다. 따라서 2017년 대선은 입시폐지 대학평준화 운동이 다시 점화될 수 있는 절호의 계기이다.

이미 교육 단체들은 2012년에 이어 2016년 총선에서도 '2016 총선 교육정책대응연석회의'를 재구성하여 입시제도와 대학 체제를 개편하려는 활동을 전개하였다. 2016 총선대응 교육정책연석회의에는 '교육운동연대/교육혁명공동행동/교육희망네트워크/대학구조조정공동대책위원회/사립학교개혁과비리추방을위한국민운동본부/친환경무상급식풀뿌리국민연대' 등 모든 교육단체들이 망라되었다. 2016년 총선

2016 총선대응 교육정책연석회의 3대 핵심 과제

교육 재정 확보 무상교육	• 유초중등교육 무상교육 전면화 • 대학 등록금 대폭 인하 • GDP 1% 수준의 고등교육재정교부금 도입
입시 교육 해결과 대학 공공성 강화	• 수능 절대평가 확대와 대입자격고사 도입 • 독립 사립대의 정부책임형사립대로의 전환과 공동학위대학 (대학통합네트워크) 체제 수립
교육 주체 기본권 보장	• 국제법을 준수하는 학생인권법을 제정/18세 참정권 보장 • 교육 노동자의 노동기본권, 정치기본권 보장 • 교육 비정규직의 정규직 전환

대응연석회의도 각 정당에게 3대 핵심과제와 7대 과제를 제출하였다. 2016년에도 우리나라 교육의 핵심 문제로 입시 교육 해소와 대학 공공성 강화를 핵심적 요구로 제출하였다.

이러한 활동의 결과로 2017년 대선에 각 정당이 입시폐지와 대학평준화를 공약화하고 집권하게 된다면 2018년부터 교육혁명의 현실화를 위한 본격적인 장정이 시작될 것이다.

고교평준화-대학평준화 완성을 위한 기본 계획(안)

시기	고교 체제	대입제도	대학 체제	비고
2016	자사고, 특목고 폐지 공론화	대입제도 개편 논의 본격화		총선, 대선
2017				
2018	초중등교육법 개정, 특목고, 자사고 관련 법 개정 완료	대학 수능 과목 절대평가 확대 추진	고등교육법 개정, 정부책임형사립대 도입 추진	교육감 선거
2019				
2020				총선
2021	자사고, 특목고의 일반고 전환 완료	대입자격고사 실시 발표 및 추진	대학통합네트워크 출범	
2022				대선
2024	고교평준화 50주년	대입자격고사 도입	대학평준화 완성	

대입자격고사와 대학 체제 개편은 고교 체제 개편을 동반할 것이다. 대학이 평준화되는 상황에서 명문대 진학을 목표로 설립된 자사고, 외고, 국제고 등의 학교는 더 이상 존립할 이유가 없어지기 때문

이다. 그리고 대학평준화의 반대 세력으로 예상되는 입시명문 사립고를 일반고로 전환함으로써 대학평준화로의 이행이 탄력을 받을 수 있다. 사실 자사고나 특목고의 경우 한시적으로 운영하도록 하고 있고 5년마다 평가를 받도록 하고 있다. 지난 2014년과 2015년에 걸쳐 자사고와 특목고의 재지정 평가가 있었기 때문에 2019~2020년에 지정운영 기간이 다시 종료된다. 이때 자사고, 외고, 국제고 등의 폐지는 두가지 방안으로 추진될 수 있다. 첫 번째는 국회가 자사고와 특목고 운영 중단을 초중등교육법에 명문화하여 개정하는 방법이고, 두 번째는 대선에서 자사고 특목고 운영 중단을 공약하고 행정부 차원에서 중단하는 방법이 있다. 여하튼 정부가 자사고나 특목고를 일반고로 전환할 경우, 입시혁명에 반대하는 기득권 학교의 기반이 약화되어 대입자격고사 체제로의 전환이 한층 용이해질 것이다. 아울러 고교평준화 체제를 붕괴시키고 있는 특수목적 학교들이 일반 학교로 전환하게 되면 대학평준화 체제 수립도 이와 맞물려 역동적으로 진행될 수 있다.

입시제도 개편을 위해 우선적으로 독립 사립대학을 정부책임형사립대학으로 전환하는 조치들을 추진해야 한다. 대학의 공공성을 강화하고 학생 선발에 대한 대학 주체들의 동의를 이끌어내는 작업이 진행되어야 한다. 고등교육재정교부금법의 제정 및 대학 개편 청사진을 제시하여 상당수 독립 사립대학을 정부책임형사립대로 전환하고, 서울대, 인천대와 같이 법인화된 대학을 다시 국립대학으로 전환시킨다. 이를 바탕으로 국립대학들과 함께 대학통합네트워크를 구성하도록 관련 제도와 법률을 정비하도록 한다.

그리고 이러한 대학 체제 개편과 속도를 맞추어 대입자격고사 도입을 추진한다. 2018년 신입생부터 적용되는 영어 절대평가를 수능시험 전체 과목으로 확대한다. 이를 통해 대입자격고사 연착륙의 기반을 튼튼히 하고 대입자격고사 도입에 적합한 환경을 조성한다. 그리고 새로운 정부가 대학통합네트워크를 출범시켜 기틀을 잡으면 이 시점에 대학 입시제도를 대입자격고사 체제로 전면적으로 전환한다.

이제 입시혁명은 결코 먼 미래의 일이 아니다. 대선을 매개로 입시 체제를 근본적으로 개편하고, 한국 교육의 대전환을 이루어내야 한다. 그리하여 더 늦지 않게 입시 경쟁의 고통으로부터 우리의 미래를 해방시켜야 한다.

참고 문헌

강남구청(2016), 2015 강남구 사회조사.

강태중(2014), 「수능 영어영역 절대평가 방안 모색」, 『수능 영어영역 절대평가 도입방안 공청회(1차) 자료집』.

교육부(2013), 「대입 전형 간소화 및 대입제도 발전방안(시안)」.

교육부(2013), 「고등교육 종합발전방안」.

교육부(2014), 「대학구조개혁 추진계획」.

교육혁명공동행동연구위원회(2012), 『대한민국 교육혁명』, 살림터.

김명연(2013), 「자사고 폐지를 위한 법률개정 방안과 로드맵」, 『자사고 폐지 토론회 자료집』.

김순남 외(2014), 『대학입시 정책의 국제비교연구』, 한국교육개발원.

김학한(2010), 『공교육과 SKY의 미래』, 한울.

김학한(2013), 「교육혁신을 위한 새로운 중등교육체제와 법제도 개선 방안」, 『고교체제 개편 방안 마련 토론회 자료집』.

김학한(2013), 「입시경쟁 교육 해소를 위한 대입제도 개편방안」, 『교육원탁회의 2차 토론자료집』.

노명순 외(2015), 『시대 변화에 따른 대입제도 개선 방안』, 여의도연구원.

대학교육연구소(2014), 「통계로 본 학벌사회」, 대교연 현안 보고.

박권우(2016), 『수박 먹고 대학 간다』, 리빙북스.

박성숙(2015), 『독일 교육 두 번째 이야기』, 21세기북스.

박종환(2007), 『미국 대학의 법칙』, 랜덤하우스.

박찬(2014), 『68혁명과 '새로운 파리 대학'의 출현』, 서강인문논총 제41집.

백병부(2014), 「학교선택제와 자사고, 무엇이 문제인가?」, 『고교평준화 40주년 토론 자료집』.

사교육걱정없는세상(2016), 「보도자료-학생부종합전형 개선안: 가짜 학종 전면 금지, 비교과 평가 축소해야」.

심광현(2011), 「21세기 한국 대학 교육 체제 개혁의 기본 방향」, 전교조 토론회.

이규환(1994), 『선진국의 교육제도』, 배영사.

이도흠(2015), 「입시 철폐와 대학평준화의 방안」, 『입시·사교육 없는 대학 체제』, 한울.

이범(2015), 「대한민국의 미래를 위한 진보 교육 차기 의제를 제안한다」, 『교육정책엑스포자료집』.

임재홍(2012), 「고등교육과 교육공공성의 확장」, 경상대법학연구소, 『법학연구』, 제20권 제1호.

임재홍(2013), 「한국 고등교육정책의 패러다임 전환을 위한 이론·법제·정책 연구」, 『교육혁명공동행동연구위원회 자료집』, 31쪽.

임재홍 외(2015), 『공공형 사립교육기관 운영 모델에 관한 연구』, 서울특별시교육청.

임재홍(2015), 「신자유주의시대 대학지배구조」, 『문화과학』, 2015년 여름호.

임재홍 외(2016), 『초·중등교육 정상화를 위한 대학 체제 개편 방안 연구』, 서울특별시교육연구정보원.

정영근 외(2011), 『각국의 대학입학시험 체제 및 대학 전형 현황』, 한국교육과정평가원.

정영수 외(2007), 『해외 대학입학제도 실태조사 연구』, 한국대학교육협의회.

진보교육연구소(2015), 『관계의 교육학, 비고츠키』, 살림터.

참교육연구소(2015), 「대학 입시제도 개편 방향에 대한 고1 학생 및 고교 교사 의견 조사 결과」.

청소년인권행동 아수나로(2015), 「대한민국 초중고등학생 학습 시간과 부담에 관한 실태 조사」.

통계청, 「사회조사」 각 연도.

통계청(2015), 「초·중·고 사교육비 조사 결과」.

한국대학신문(2016), 「원하는 어느 대학에서나 학점 딸 수 있다」, 2016.

한국방정환재단·연세대 사회발전연구소(2014), 「어린이·청소년 행복지수 국제비교」.

황지원(2015), 「특목고의 설립 취지와 실제의 간극-외고를 중심으로」, 『특목고토론회 자료집』.

2012 총대선 승리 연석회의(2012), 정책 제안서 자료집.

2016 총선대응 교육정책연석회의(2016), 정책 제안서 자료집.

L. S. 비고츠키(2011), 『생각과 말』, 살림터.

OECD(2015), Education at a Glance.

http://univ.joongang.co.kr/university/totalRankingReport.asp.2015

삶의 행복을 꿈꾸는 교육은
어디에서 오는가?

미래 100년을 향한 새로운 교육

▶ 교육혁명을 앞당기는 배움책 이야기

혁신교육의 철학과 잉걸진 미래를 만나다!

 핀란드 교육혁명
한국교육연구네트워크 총서 01 | 320쪽 | 값 15,000원

 일제고사를 넘어서
한국교육연구네트워크 총서 02 | 284쪽 | 값 13,000원

 새로운 사회를 여는 교육혁명
한국교육연구네트워크 총서 03 | 380쪽 | 값 17,000원

 교장제도 혁명
한국교육연구네트워크 총서 04 | 268쪽 | 값 14,000원

 새로운 사회를 여는 교육자치 혁명
한국교육연구네트워크 총서 05 | 312쪽 | 값 15,000원

 혁신학교에 대한 교육학적 성찰
한국교육연구네트워크 총서 06 | 308쪽 | 값 15,000원

 혁신학교
성열관·이순철 지음 | 224쪽 | 값 12,000원

 행복한 혁신학교 만들기
초등교육과정연구모임 지음 | 272쪽 | 값 13,000원

 서울형 혁신학교 이야기
이부영 지음 | 320쪽 | 값 15,000원

 혁신교육, 철학을 만나다
브렌트 데이비스·데니스 수마라 지음
현인철·서용선 옮김 | 304쪽 | 값 15,000원

 혁신교육 존 듀이에게 묻다
서용선 지음 | 292쪽 | 값 14,000원

 다시 읽는 조선 교육사
이만규 지음 | 750쪽 | 값 33,000원

 프레이리와 교육
한국교육연구네트워크 번역 총서 01
존 엘리아스 지음 | 한국교육연구네트워크 옮김
276쪽 | 값 14,000원

 교육은 사회를 바꿀 수 있을까?
한국교육연구네트워크 번역 총서 02
마이클 애플 지음 | 강희룡·김선우·박원순·이형빈 옮김
352쪽 | 값 16,000원

 **비판적 페다고지는
세상을 변화시킬 수 있는가?**
한국교육연구네트워크 번역 총서 03
Seewha Cho 지음 | 심성보·조시화 옮김 | 280쪽 | 값 14,000원

 마이클 애플의 민주학교
한국교육연구네트워크 번역 총서 04
마이클 애플·제임스 빈 엮음 | 강희룡 옮김 | 276쪽 | 값 14,000원

 미래교육의 열쇠, 창의적 문화교육
심광현·노명우·강정석 지음 | 368쪽 | 값 16,000원

 대한민국 교사, 어떻게 가르칠 것인가?
윤성관 지음 | 320쪽 | 값 15,000원

 아이들을 어떻게 가르칠 것인가
사토 마나부 지음 | 박찬영 옮김 | 232쪽 | 값 13,000원

 아이들의 배움은 어떻게 깊어지는가
이시이 준지 지음 | 방지현·이창희 옮김 | 200쪽 | 값 11,000원

 모두를 위한 국제이해교육
한국국제이해교육학회 지음 | 364쪽 | 값 16,000원
2015 세종도서 학술부문

 경쟁을 넘어 발달 교육으로
현광일 지음 | 288쪽 | 값 14,000원

 독일 교육, 왜 강한가?
박성희 지음 | 324쪽 | 값 15,000원

 대한민국 교육혁명
교육혁명공동행동 연구위원회 지음 | 152쪽 | 값 5,000원

▶ 비고츠키 선집 시리즈
발달과 협력의 교육학 어떻게 읽을 것인가?

생각과 말
레프 세묘노비치 비고츠키 지음
배희철·김용호·D. 켈로그 옮김 | 690쪽 | 값 33,000원

도구와 기호
비고츠키·루리야 지음 | 비고츠키 연구회 옮김
336쪽 | 값 16,000원

어린이 자기행동숙달의 역사와 발달 I
L.S. 비고츠키 지음 | 비고츠키 연구회 옮김
564쪽 | 값 28,000원

어린이 자기행동숙달의 역사와 발달 II
L.S. 비고츠키 지음 | 비고츠키 연구회 옮김
552쪽 | 값 28,000원

어린이의 상상과 창조
L.S. 비고츠키 지음 | 비고츠키 연구회 옮김
280쪽 | 값 15,000원

연령과 위기
L.S. 비고츠키 지음 | 비고츠키연구회 옮김
336쪽 | 값 17,000원

성장과 분화
L.S. 비고츠키 지음 | 비고츠키 연구회 옮김
308쪽 | 값 15,000원

관계의 교육학, 비고츠키
진보교육연구소 비고츠키교육학실천연구모임 지음
300쪽 | 값 15,000원

비고츠키 생각과 말 쉽게 읽기
진보교육연구소 비고츠키교육학실천연구모임 지음
316쪽 | 값 15,000원

비고츠키와 인지 발달의 비밀
A.R. 루리야 지음 | 배희철 옮김 | 280쪽 | 값 15,000원

수업과 수업 사이
비고츠키 연구회 지음 | 196쪽 | 값 12,000원

▶ 평화샘 프로젝트 매뉴얼 시리즈
학교 폭력에 대한 근본적인 예방과 대책을 찾는다

학교 폭력 어떻게 만들어지는가
문재현 외 지음 | 300쪽 | 값 14,000원

학교 폭력, 멈춰!
문재현 외 지음 | 352쪽 | 값 15,000원

왕따, 이렇게 해결할 수 있다
문재현 외 지음 | 236쪽 | 값 12,000원

젊은 부모를 위한 백만 년의 육아 슬기
문재현 지음 | 248쪽 | 값 13,000원

아이들을 살리는 동네
문재현·신동명·김수동 지음 | 204쪽 | 값 10,000원

평화! 행복한 학교의 시작
문재현 외 지음 | 252쪽 | 값 12,000원

마을에 배움의 길이 있다
문재현 지음 | 208쪽 | 값 10,000원

▶ 교과서 밖에서 만나는 역사 교실
상식이 통하는 살아 있는 역사를 만나다

▶ 창의적인 협력수업을 지향하는 삶이 있는 국어 교실
우리말 글을 배우며 세상을 배운다

▶ 4·16, 질문이 있는 교실 마주이야기
통합수업으로 혁신교육과정을 재구성하다!

통하는 공부
김태호·김형우·이경석·심우근·허진만 지음
324쪽 | 값 15,000원

내일 수업 어떻게 하지?
아이함께 지음 | 300쪽 | 값 15,000원
2015 세종도서 교양부문

인간 회복의 교육
성래운 지음 | 260쪽 | 값 13,000원

교과서 너머 교육과정 마주하기
이윤미 외 지음 | 368쪽 | 값 17,000원

수업 고수들 수업·교육과정·평가를 말하다
박현숙 외 지음 | 368쪽 | 값 17,000원

도덕 수업, 책으로 묻고 윤리로 답하다
울산도덕교사모임 지음 | 320쪽 | 값 15,000원

체육 교사, 수업을 말하다
전용진 지음 | 304쪽 | 값 15,000원

교실을 위한 프레이리
아이러 쇼어 엮음 | 사람대사람 옮김 | 412쪽 | 값 18,000원

걸림돌
키르스텐 세롭-빌펠트 지음 | 문봉애 옮김
248쪽 | 값 13,000원

마음의 힘을 기르는 감성수업
조선미 외 지음 | 300쪽 | 값 15,000원

작은 학교 아이들
지경준 엮음 | 376쪽 | 값 17,000원

감성 지휘자, 우리 선생님
박종국 지음 | 308쪽 | 값 15,000원

대한민국 입시혁명
참교육연구소 입시연구팀 지음 | 220쪽 | 값 12,000원

주제통합수업, 아이들을 수업의 주인공으로!
이윤미 외 지음 | 392쪽 | 값 17,000원

수업과 교육의 지평을 확장하는 수업 비평
윤양수 지음 | 316쪽 | 값 15,000원
2014 문화체육관광부 우수교양도서

교사, 선생이 되다
김태은 외 지음 | 260쪽 | 값 13,000원

교사의 전문성, 어떻게 만들어지나
국제교원노조연맹 보고서 | 김석규 옮김 392쪽 | 값 17,000원

수업의 정치
윤양수·원종희·장군 지음 | 280쪽 | 값 14,000원

학교협동조합, 현장체험학습과 마을교육공동체를 잇다
주수원 외 지음 | 296쪽 | 값 15,000원

거꾸로교실, 잠자는 아이들을 깨우는 수업의 비밀
이민경 지음 | 280쪽 | 값 14,000원

교사는 무엇으로 사는가
정은균 지음 | 292쪽 | 값 15,000원

마을교육공동체란 무엇인가?
서용선 외 지음 | 360쪽 | 값 17,000원

21세기 교육과 민주주의
한국교육연구네트워크 번역 총서 05
넬 나딩스 지음 | 심성보 옮김 | 392쪽 | 값 18,000원
2016 세종도서 학술부문

교사, 학교를 바꾸다
정진화 지음 | 372쪽 | 값 17,000원

함께 배움
학생 주도 배움 중심 수업 이렇게 한다
니시카와 준 지음 | 백경석 옮김 | 280쪽 | 값 15,000원

▶ 더불어 사는 정의로운 세상을 여는 인문사회과학
사람의 존엄과 평등의 가치를 배운다

밥상혁명
강양구 · 강이현 지음 | 298쪽 | 값 13,800원

좌우지간 인권이다
안경환 지음 | 288쪽 | 값 13,000원

도덕 교과서 무엇이 문제인가?
김대용 지음 | 272쪽 | 값 14,000원

민주 시민교육
심성보 지음 | 544쪽 | 값 25,000원

자율주의와 진보교육
조엘 스프링 지음 | 심성보 옮김 | 320쪽 | 값 15,000원

민주 시민을 위한 도덕교육
심성보 지음 | 500쪽 | 값 25,000원
2015 세종도서 학술부문

민주화 이후의 공동체 교육
심성보 지음 | 392쪽 | 값 15,000원
2009 문화체육관광부 우수학술도서

교과서 밖에서 배우는 인문학 공부
정은교 지음 | 280쪽 | 값 13,000원

갈등을 넘어 협력 사회로
이창언 · 오수길 · 유문종 · 신유관 지음 | 280쪽 | 값 15,000원

오래된 미래교육
정재걸 지음 | 392쪽 | 값 18,000원

동양사상과 마음교육
정재걸 외 지음 | 356쪽 | 값 16,000원
2015 세종도서 학술부문

대한민국 의료혁명
전국보건의료산업노동조합 엮음 | 548쪽 | 값 25,000원

교과서 밖에서 배우는 철학 공부
정은교 지음 | 280쪽 | 값 14,000원

교과서 밖에서 배우는 고전 공부
정은교 지음 | 288쪽 | 값 14,000원

교과서 밖에서 배우는 사회 공부
정은교 지음 | 304쪽 | 값 15,000원

전체 안의 전체 사고 속의 사고
김우창의 인문학을 읽다
현광일 지음 | 320쪽 | 값 15,000원

교과서 밖에서 배우는 윤리 공부
정은교 지음 | 292쪽 | 값 15,000원

▶ 살림터 참교육 문예 시리즈
영혼이 있는 삶을 가르치는 온 선생님을 만나다!

꽃보다 귀한 우리 아이는
조재도 지음 | 244쪽 | 값 12,000원

선생님이 먼저 때렸는데요
강병철 지음 | 248쪽 | 값 12,000원

성깔 있는 나무들
최은숙 지음 | 244쪽 | 값 12,000원

서울 여자, 시골 선생님 되다
조경선 지음 | 252쪽 | 값 12,000원

아이들에게 세상을 배웠네
명혜정 지음 | 240쪽 | 값 12,000원

행복한 창의 교육
최창의 지음 | 328쪽 | 값 15,000원

밥상에서 세상으로
김흥숙 지음 | 280쪽 | 값 13,000원

북유럽 교육 기행
정애경 외 14인 지음 | 288쪽 | 값 14,000원

▶ 남북이 하나 되는 두물머리 평화교육
분단 극복을 위한 치열한 배움과 실천을 만나다

10년 후 통일
정동영·지승호 지음 | 328쪽 | 값 15,000원

선생님, 통일이 뭐예요?
정경호 지음 | 252쪽 | 값 13,000원

분단시대의 통일교육
성래운 지음 | 428쪽 | 값 18,000원

김창환 교수의 DMZ 지리 이야기
김창환 지음 | 264쪽 | 값 15,000원

▶ 출간 예정

`근간` **교사를 세우는 교육과정**
박승열 지음

`근간` **아이의 미래를 바꾸는 공교육 혁신**
홍섭근 지음

`근간` **미국의 진보주의 교육 운동사**
윌리엄 헤이스 지음 | 심성보 외 옮김

`근간` **조선근대교육의 사상과 운동**
윤건차 지음 | 이명실·심성보 옮김

`근간` **존 듀이와 교육**
한국교육연구네트워크번역총서 06 | 짐 개리슨 외 지음

`근간` **한글혁명**
김슬옹 지음

`근간` **민주시민을 위한 역사교육**
황현정 지음

`근간` **왜 학교인가**
마스켈라인 J. & 시몬 M. 지음 | 윤선인 옮김

`근간` **경기의 기억을 걷다**
경기남부역사교사모임 지음

`근간` **핀란드 교육의 기적은 어떻게 만들어지나**
Hannele Niemi 외 지음 | 장수명 외 옮김

`근간` **함께 만들어가는 강명초 이야기**
이부영 외 지음

`근간` **역사 교사로 산다는 것은**
신용균 지음

`근간` **민주주의와 교육**
Pilar Ocadiz, Pia Wong, Carlos Torres 지음 | 유성상 옮김

`근간` **음악과 함께 떠나는 세계의 혁명 이야기**
조광환 지음

`근간` **고쳐 쓴 갈래별 글쓰기 1**
(시·소설·수필·희곡 쓰기 문예 편)
박안수 지음(개정 증보판)

`근간` **고쳐 쓴 갈래별 글쓰기 2**
(논술·논설문·자기소개서·자서전·독서비평·
설명문·보고서 쓰기 등 실용 고교용)
박안수 지음(개정 증보판)

`근간` **어린이와 시 읽기**
오인태 지음

참된 삶과 교육에 관한
생각 줍기